야매요리천재 서차장의
집밥 레시피

야매요리천재 서차장의
집밥 레시피

초판 1쇄 발행 | 2024년 7월 8일

지은이 서경진 | 펴낸이 이은성 | 편집 구윤희, 홍순용, 김다연 | 디자인 다든 | 펴낸곳 *e*비즈북스
주 소 서울시 종로구 창덕궁길 29-38, 4-5층 | 전화 (02) 883-9774 | 팩스 (02) 883-3496 |
이메일 ebizbooks@naver.com | 등록번호 제2021-000133호

ISBN 979-11-5783-342-9 13590

*e*비즈북스는 푸른커뮤니케이션의 출판 브랜드입니다.

야매요리천재 서차장의
집밥 레시피

· 서경진 지음 ·

e비즈북스

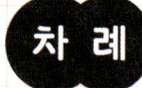

• 프롤로그_ 요리가 시작된다   6

1. 고기 집밥 이야기

1. 쌈 싸먹는 김치찌개, 쌈치찌개　　　　　　　　11
2. 가지의 재발견, 차돌박이 가지덮밥　　　　　　15
3. 분식점 순대로 만드는 순댓국　　　　　　　　23
4. 삶은 고기도 맛있다, 돼지 통앞다리살 맥주 수육　29
5. 밥반찬에 술안주까지, 차돌박이 된장전골　　　35
6. 함께여서 더 맛있는, 토종닭 백숙과 데침부추　　41
7. 돼지찌개 아닌가, 애호박 고추장찌개　　　　　49
8. 오이를 더 맛있게, 차돌박이 오이탕탕이　　　　55
9. 특별한 카레 한끼, 매운카레 버터마늘밥
　　with 닭다리살 정육 구이　　　　　　　　　63
10. 집에서 해먹는 육회 요리, 양념부추 육회 표고솥밥　71

2. 계절 집밥 이야기

1. 입맛 살려주는 봄동 달래 겉절이　　　　　　　83
2. 봄내음 가득한 새콤달콤 달래비빔국수　　　　89
3. 봄맛 꿀맛 냉이 된장찌개　　　　　　　　　　95
4. 미나리 반 오징어 반, 오징어 미나리 부침개　　101
5. 라면의 변신1, 시원한 멸치 열무 냉칼국수　　　107
6. 라면의 변신2, 시원하게 해장 가능 냉짬뽕 라면　113
7. 가을 꽃게 집게다리로 만든 밥도둑 양념 꽃게살　121
8. 영양 가득 굴이 잔뜩 굴 파스타　　　　　　　129
9. 미역국으로 쉽게 만드는 굴국밥　　　　　　　139

3. 여행 집밥 이야기

1. 일본 센다이 지역의 미나리 닭고기 샤브샤브   149
2. 끓는 기름을 부어 만드는 중국식 유포면   157
3. 헝가리식 토마토 비프스튜, 굴라쉬   165
4. 동남아 최고의 밥반찬 모닝글로리 볶음,
   팟팍붕파이뎅 with 계란볶음밥   173
5. 대만 시먼딩 노포 아종면선의 곱창국수   183
6. 태국의 밥도둑 돼지고기 바질 볶음 덮밥,
   팟카파오무쌉 랏카우   189
7. 일본 후쿠오카식 곱창전골, 모츠나베   197
8. 칼국수 사리와 함께 먹는 대전식 두부 두루치기   201
9. 목포식 양념게살 비빔밥   209
10. 필리 치즈스테이크 같은 오지치즈불고기 핫도그   215

4. 간편 집밥 이야기

1. 훌륭한 밥반찬 & 술안주, 초간단 뚝배기 계란찜   223
2. 휘리릭 15분 방울토마토 달걀 볶음   227
3. 냉면육수만 있다면 정말 쉬운 참외 냉국   233
4. 금방 뚝딱 12분 떡국   237
5. 국물요리가 필요할 때, 라면스프 순두부찌개   241
6. 야식과 안주가 필요할 때, 초간단 된장라면밥   245
7. 명란젓과 오이로 만드는 5분컷 안주, 명란오이   249
8. 사먹기엔 너무 쉬운 들기름 메밀국수   253
9. 팬 하나로 만드는 짜장 스파게티, 진짜 짜파게티   258

- 에필로그_ 요리는 이어진다   263

요리가 시작된다

저는 IT 개발자 출신에 소프트웨어 엔지니어로 일하는 직장인이지만 퇴근 후 저녁이나 주말에 집에서 밥하는 걸 좋아합니다. 오래 전부터 요리를 하며 일상의 스트레스를 풀었던 것 같습니다. 혼자서 그렇게 취미생활을 즐기다가 네이버 여행 카페에 집밥 요리 레시피를 올리기 시작했습니다. 그런데 카페 회원들이 제 레시피를 좋아해주셨습니다. 제 요리를 맛보는 아내 김사장까지 캐릭터로 등장시키면서 계속 레시피를 올리고 댓글을 주고받다 보니 어느새 15년이 흘렀습니다.

카페에서 "야매요리 천재", "야매요리의 대가", "야매거장", 집밥 백종원 님을 따라한 "집밥 서차장"이라는 별칭으로 불리는게 아주 재있었습니다. '야매'라 불리는 이유는 정통 조리법대로가 아니라 시판 재료와 조미료를 200% 활용해 휘리릭 요리하기 때문인 것 같습니다. 그렇다고 멋없게 툭 시판 재료만 쓰는 건 아닙니다. '아! 이 요리는 이렇게 하면 더 맛있을 텐데', '이 계절에는 이런 요리들이 맛있을 텐데', '거기 갔을 때 먹은 그 요리가 맛있었는데', '이 요리는 이렇게 만들면 더 쉬울 텐데'… 이렇게 궁리하며 즐겁게 만드는 조리 과정 때문에 '천재'가 붙지 않았나 짐작합니다.

  제 마음대로 뚝딱뚝딱 요리하면서 탄생한 저만의 레시피들을 《야매요리천재 서차장의 집밥 레시피》에 담았습니다. 재료를 아끼지 않고 사용한 "고기 집밥 이야기", 매해 매 계절마다 찾아오는 제철 재료들을 활용한 "계절 집밥 이야기", 여행지에서 먹어본 음식의 맛을 기억해 되살려본 "여행 집밥 이야기", 누구나 쉽게 뚝딱 만들어 먹을 수 있는 "간편 집밥 이야기"로 정리해보았습니다. 각각의 이야기에 실린 레시피들은 카페에 공유하고 반응이 좋았던 메뉴들로 구성했습니다.

  조미료 없이는 요리를 못하는 야매요리 전문가이지만, 누구나 보고 따라할 수 있도록 과정 과정 상세히 사진을 담았습니다. (사진은 모두 제가 실제로 집에서 요리하며 찍은 것입니다.) 또 요리가 조금이라도 쉽고 편해지도록 제가 그동안 터득한 팁들도 써두었습니다. 무엇보다 조리의 즐거움과 더불어 먹는 즐거움도 그려볼 수 있도록, 맛있게 먹는 모습도 담았습니다. 익숙하고 평범할 수도 있는 음식들에 키덜트 감성을 담은 것이 저의 집밥을 특별하게 만들어주는 팁이라고 생각합니다. 여러분의 요리 시간과 식사 시간이 즐거워지는 데 이 책이 도움이 되기를 바랍니다. 🍴

쌈 싸먹는 김치찌개 · 차돌박이 가지덮밥 · 분식점 순대 순댓국 · 통앞다리살 맥주 수육 · 차돌박이 된장전골 · 토종닭 백숙과 데침부추 · 애호박 고추장찌개 · 차돌박이 오이탕탕이 · 매운카레 버터마늘밥 · 양념부추 육회 표고솥밥

고기 집밥 이야기

1

쌈 싸먹는 김치찌개, 쌈치찌개

어머니가 제대로 만들어주신 김치찌개를 먹고 자랐지만, 늘 고기 양이 아쉬웠던 저는 돼지고기를 듬뿍 넣은 고기 반 김치 반의 고기 요리를 만들게 되었습니다. 포크스톡이라는 특별한 조미료도 넣어서 말이지요. 뚝딱뚝딱 대충 만든 것 같은 김치찌개는 어머니가 만들어주시던 김치찌개와 모양새는 거의 차이가 없습니다. 다만 제 기억 속 어머니의 김치찌개보다 고기 양은 확실히 더 많습니다! 검증된 집밥 메뉴 "쌈 싸먹는 김치찌개, 쌈치찌개"입니다. 대충 끓인 것 같은데 아주 맛있음 주의!

재료 (3인분)

○ 김치 1/3포기
○ 삼겹살 500~600g
○ 사골곰탕팩 500g
○ 각종 쌈채소

조미료

○ 포크스톡 : 돼지고기가 들어가는 요리에 포크스톡을 넣으면 잡내도 잡아주고 돼지고기의 맛도 더 풍부해집니다. 저는 해외여행 때 각종 큐브형 스톡 조미료들을 사오는데, 여기저기 집밥요리에 사용하기 좋습니다.

서차장 레시피

1

김치 1/3포기를 먹기 좋은 크기로 잘라 웍에 넣고 김치 국물을 두 국자 정도 부어줍니다.

2

사골곰탕 500g과 물 300~400ml를 추가로 붓습니다. 시판 곰탕을 육수 대용으로 사용하면 간 맞추기도 편하고 맛내기에도 좋습니다. 포크스톡이 있다면 한 개 넣어줍니다.

포크스톡 처음 듣는 재료인데… 포크스톡 사러 갑니다.

3

웍 뚜껑을 덮고 강불로 10분 끓이다가 가스불을 약불로 조절하고 졸이듯이 끓여줍니다.

tip 푹 무르게 익은 김치를 좋아한다면, 전자레인지에 김치를 5분 정도 돌린 뒤에 웍에 넣어주세요.

서차장 레시피

이것은 김치찌개가 아니라 삼겹살찌개인데요 ㅎ

4

김치가 어느 정도 익어 보이면, 고기 겉면을 키친타월로 톡톡 두드려 닦아 웍에 넣은 뒤 웍 뚜껑을 덮고 가스불을 강불로 올립니다.

5

10분 정도 끓이다 고기가 익었다 싶으면 뚜껑을 열고 집게와 식가위로 삼겹살을 한 입 크기로 잘라줍니다.

tip 마냥 강불로 끓이지 말고 국물이 넘치지 않도록 불 조절을 해주어야 합니다.

6

웍 안의 내용물들을 국자나 주걱으로 섞어준 뒤에 1~2분 정도 더 끓이면 완성입니다.

·쌈 싸먹는 김치찌개·

맛있게 먹기

함께 준비한 쌈채소에 싸먹어도 맛있고 그냥 밥이랑 먹어도 맛있는 쌈 싸먹는 김치찌개, 쌈치찌개입니다. 고기를 다 건져 먹고 김치와 국물만 남았다면 말이지요. 그리고 김치찌개 국물 반 맹물 반으로 물 양을 맞추고 스프는 평소의 반만 넣어 라면을 끓이면, 그냥 김치 넣고 끓인 라면과 차원이 다른 특별한 김치찌개 라면이 됩니다!

밥도 한술 넣어 싸서 먹고…

쌈장까지 넣으면 또 색다른 맛의 쌈이 됩니다.

김치찌개 국물에 밥을 살짝 적셔서 먹는 것은 김치찌개 집밥의 근본!

이상 고기가 잔뜩 먹고 싶을 때 끓여 먹는 김치찌개, 쌈치찌개였습니다.

- 🧑 **집밥갈망러1** 작명센스 맘에 드네요!
- 🧑 **집밥갈망러2** 김치를 전자레인지에 미리 돌리는 거, 완전 꿀팁입니다.

가지의 재발견, 차돌박이 가지덮밥

어릴 때 편식은 하지 않는 편이었는데 이상하게 가지 요리는 잘 안 먹었습니다. 반찬으로 자주 올라오던 가지무침의 그 흐물흐물한 식감이 싫었을까요? 성인이 되어 다양한 가지 요리들을 먹으면서 가지가 정말 맛있는 식재료라는 것을 알게 되었습니다. 또 하나 깨달은 것은 가지는 기름을 만나면 더 맛있어진다는 사실! 집에서 해먹을 수 있는 가장 맛있는 가지 요리는 무엇일까 연구(!)하다 내린 결론, "차돌박이가 아주 듬뿍 들어가는 가지덮밥"입니다.

재료 (2인분)

○ 가지 2개
○ 차돌박이 400g
○ 청양고추 4개
○ 마늘 6쪽
○ 표고버섯 3~4개
○ 계란 2알
○ 햇반 2개
○ 대파 1뿌리

조미료

○ 소금
○ 후춧가루
○ 굴소스
○ 해선장
○ 샬롯 플레이크
○ 페페로치노 가루

서차장 레시피

1

가지를 엄지 정도 두께로 길게 자릅니다. 대파와 청양고추와 표고버섯은 손톱 크기로 썰고, 마늘은 으깹니다.

2

웍을 센불로 달군 뒤에

3

차돌박이 400g을 달군 팬에 넣어줍니다.

tip 차돌박이 200g짜리 팩을 냉동실에 여러 개 쟁여놓고 필요할 때 쓰는데, 아주 편리합니다.

서차장 레시피

4

차돌박이를 볶으면 웍 바닥에 기름이 고입니다.

5

소금을 살짝 뿌려 차돌박이에 간을 하고, 후춧가루를 살살 뿌려 잡내를 잡고 향도 더해줍니다.

6

웍 바닥에 차돌박이에서 나온 기름이 계속 고입니다.

기름이 고인다는데 왜 내 입에 침이 계속 고이는지! 추릅~

7

차돌박이가 어느 정도 익었을 때 손질해둔 가지를 웍에 넣습니다.

8

그리고 차돌박이 기름으로 가지를 코팅해서 볶아줍니다.

> 차돌박이 기름에 가지를 볶는다!!
> 너무 좋은 아이디어입니다.

9

볶은 차돌박이와 가지에 굴소스 두 큰술을 넣어줍니다.

서차장 레시피

10

해선장 세 큰술은 웍 바닥에 넣고

tip 해선장이 익숙하지 않은 소스여서인지 맛을 많이들 물으시는데, 감칠맛 넘치는 덜 짠 간장이라고 대답하겠습니다.

11

웍 바닥에서 해선장을 살짝 태워준 뒤 재료들과 섞습니다.

12

그리고 바로 다른 채소들을 넣고 마구 섞어가며 볶습니다.

tip 계속 센불에 볶아야 차돌박이 기름이 채소들에 멋지게 코팅되어 맛있는 차돌박이 가지볶음이 됩니다.

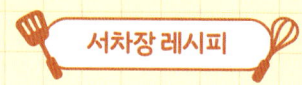

서차장 레시피

13

한쪽에선 팬을 중약불에 달군 뒤 식용유를 둘러 계란프라이를 만듭니다. 이 상태로 가스불을 끄고 팬 뚜껑을 덮어두면 튀긴 프라이가 됩니다.

14

햇반 두 개를 전자레인지에 삼 분 돌리고 그릇에 옮겨담습니다.

> 냉동실엔 차돌, 냉장고엔 가지, 찬장엔 햇반이 있는 생활양식을 장착해야겠어요!

15

볶은 차돌박이 가지볶음을 웍 한쪽으로 밀어 기름을 반대쪽으로 모읍니다. 차돌박이 기름은 볶는 용이지 먹지는 않습니다.

서차장 레시피

16

기름이 덜 따라오도록 집게로 차돌박이 가지볶음을 집어 밥 옆에 놓고

17

완성된 튀긴 프라이를 차돌박이 가지볶음과 밥 사이에 올리고

역시 덮밥에는 프라이죠. 그런데 그냥 프라이가 아니라 '튀긴' 프라이라니!

18

샬롯 플레이크와 페페로치노 가루를 차돌박이 가지볶음 위로 살짝 뿌려주면 완성입니다.

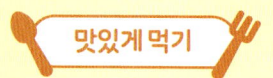
맛있게 먹기

차돌박이의 쫄깃한 식감과 가지의 부드러운 식감에, 차돌박이와 가지의 결이 다른 고소함이 내는 시너지, 거기에 샬롯 플레이크와 페페로치노 가루의 향과 맛과 식감까지! 가장 맛있는 집밥 가지 요리, 차돌박이 가지덮밥입니다.

> 밥 위에 차돌박이와 잘 볶아진 가지를 올리고 한 입. 절묘한 맛입니다.

> 튀긴 프라이는 덮밥에 꼭 필요한 조연입니다. 없으면 왜인지 섭섭한 필수 조연!

> 가지와 차돌박이 조합은 진짜 최고입니다.

> 차돌박이 가지덮밥의 김치 페어링은? 매운 배추겉절이김치!

이상 맛이 없을 수가 없는 차돌박이 듬뿍 가지덮밥이었습니다.

- **집밥갈망러1** 차돌과 가지의 조합이 이렇게 훌륭한 것이었나요!
- **집밥갈망러2** 소간지(가지)덮밥이군요! 맛 표현도 일품이십니다. 👍
- **집밥갈망러3** 아는 소스는 굴소스뿐… 해선장, 샬롯 플레이크 메모합니다!

분식점 순대로 만드는 순댓국

주말 오전 운동 마치고 돌아오는 길에 동네 분식점에 들러 순대를 포장했습니다. "1.5인분 간 빼고 순대와 내장만 주시고 내장을 좀 많이 주세요." 떡볶이, 튀김, 어묵과 함께 먹는 분식 한상도 좋지만 가끔 분식집 순대로 순댓국을 만들어 먹기도 하거든요. 맛있게 해먹고도 글로 적으려면 순대국인지 순댓국인지 헷갈립니다. 순댓국입니다. 사이시옷이 들어가서 그렇습니다. 순대 사이사이 맛이 잘 밴 "분식점 순대 순댓국"입니다!

재료 (2인분)

○ 순대 1.5인분
○ 사골곰탕팩 500g
○ 대파 2뿌리
○ 마늘 6쪽
○ 청양고추 3개
○ 깻잎 4장

조미료

○ 고춧가루
○ 찌개용 된장
○ 들깻가루

서차장 레시피

1

분식집에서 순대를 삽니다. 1.5인분의 양은 가게마다 다를 수 있으니 양을 감안해서 구매하셔야 합니다.

저는 순대러버, 순대 많이 내장 조금으로 포장해 오겠어요!

2

맛있는 순댓국이 되어줄 재료들 등장입니다.

3

사골곰탕팩 500g과 물 250ml를 웍에 붓고 센불로 끓여줍니다.

tip 사골곰탕팩은 집요리에 요긴하게 사용되는 재료입니다. 간도 잘 되어 있고 맛도 쉽게 낼 수 있는 집밥의 치트키!

· 고기 집밥 이야기 ·

서차장 레시피

4

고춧가루 한 큰술과 찌개용 시판 된장 두 큰술을

5

체에 담고 숟가락으로 꾹꾹 눌러가며 육수에 풀어줍니다.

6

체에 남은 고춧가루와 된장 찌꺼기들은 버리면 됩니다.

tip 된장이나 고추장을 사용할 때 이렇게 찌꺼기를 걸러내면 국물의 텁텁함을 없앨 수 있습니다.

서차장 레시피

7

웍에서 밑간한 육수가 끓으면 내장 부위만 먼저 넣고 끓입니다.

8

웍에서 내용물들이 끓는 동안 채소들을 손질합니다. 마늘과 청양고추는 잘게 다지고, 대파는 반은 다지고 반은 어슷 썰고, 깻잎은 채 썹니다.

9

웍 안의 내용물들이 끓어오르면 찰순대를 넣습니다.

tip 찰순대는 오래 끓이면 당면이 육수를 머금어서 순대가 터지고 다 풀어집니다. 찰순대와 뒤이어 넣는 재료들이 부르르 끓으면 가스불을 끕니다.

서차장 레시피

10
찰순대를 넣은 뒤 바로 미리 손질해 둔 채소들도 모두 넣고 국자로 잘 섞어줍니다.

11
들깻가루 네 큰술을 넣어 국물을 살짝 걸쭉하고 구수하게 만들어줍니다.

12
채소들이 살짝 숨이 죽기 직전까지 끓여주면 완성입니다.

오우우우우~ 여의도에 매장 하나 차리시면 어떠실지!

맛있게 먹기

돼지 내장과 순대에 채소까지 그득 들어간 순댓국을 윗째로 밥상에 올려 먹으면 더 맛납니다. 앞접시에 순댓국을 덜어담고 일단 국물부터 한술 떠봅니다.

> 어? 어디서 먹어본 순댓국 국물 맛인데?

> 아! 선릉역 농민백암순대의 국물 맛을 나도 모르게 구현했습니다.

> 국물에 밥을 조금 넣고 잘 섞어 내장과 함께 듬뿍 떠서 한술

> 살짝 맛이 질릴 땐 김치 한 점 올려 먹으면 또 다시 마구 들어갑니다.

이상 동네 분식점 순대로 만드는 순댓국이었습니다.

 집밥갈망러1 순댓국을 집에서도 만들 수 있는 거였군요. 도전해봐야겠어요.

 집밥갈망러2 순댓국 1.5인분 주문요~ 🙋

삶은 고기도 맛있다, 돼지 통앞다리살 맥주 수육

돼지고기 수육을 만드는 방법은 아마 수십 가지가 있을 텐데, 저는 종종 고기를 맥주에 삶습니다. 근거는 없지만 맥주는 고기 잡냄새 제거에 탁월한 효능이 있는 것 같은 느낌입니다. 맥주에 삶은 수육은 맛이 더 구수하기도 하고요. (중간에 마실 수도 있지요.) 저는 돼지고기를 삶을 때도 포크스톡을 씁니다. 간도 되고 돼지고기 맛도 더 나고 잡냄새도 잡아주니까요. 어느 주말 아침 만들어본 "돼지 통앞다리살 맥주 수육"입니다.

재료 (2인분)

○ 맥주 1L
○ 돼지 통앞다리살 600g
○ 양파 1개
○ 대파 2뿌리

조미료

○ 재래식 된장
○ 포크스톡
○ 통후추

서차장 레시피

1

돼지 통앞다리살 600g과 맥주 페트 하나를 미리 냉장고에서 꺼내둡니다.

tip 끓이고 삶는 요리 재료는 차가운 상태보다는 상온 상태에서 좀 더 빨리 조리됩니다. 스테이크 할 때 고기를 굽기 한두 시간 전에 냉장고에서 꺼내두는 것과 마찬가지죠.

2

돼지 통앞다리살과 양파 한 개, 대파 두 뿌리, 재래식 된장 한 큰술, 포크 스톡 한 개, 통후추 열댓 개를 웍에 넣습니다.

3

맥주를 1L 정도 붓습니다. 남은 맥주는 조리하면서 홀짝홀짝 마셔줍니다.

서차장 레시피

4
맥주가 끓어오르기도 전에 탄산 기포들이 뽀글뽀글 올라옵니다. 이 상태로 45~50분 동안 끓입니다.

맥주 수육을 아들넘이 참 잘 먹을 것 같은데, 알코올은 끓이면 증발되는 거 맞죠? ㅎㅎ

5
웍의 뚜껑을 덮고 일단 강불로 10분 정도 끓입니다. 10분 정도 지나면 팔팔 끓는데 그 상태로 계속 끓이면 가스레인지 주변은 혼돈의 멀티버스가 되는 겁니다.

6
이 정도로 끓으면 뚜껑을 열고 돼지 통앞다리살을 뒤집어줍니다. 그리고 다시 뚜껑을 덮고 가스불을 중불로 줄여 계속 졸이듯 끓입니다.

tip 중간중간 돼지 통앞다리살을 몇 번 뒤집어주는 게 좋습니다.

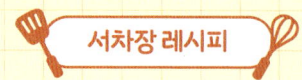

서차장 레시피

7

40분 정도 조리한 맥주에 졸여진 돼지 통앞다리살입니다.

8

맥주가 너무 졸아든 느낌이라면 물을 더 붓고 더 삶습니다.

tip 저는 이 상태에서 물 350ml를 붓고 10분 정도를 더 끓였지만, 물의 양과 시간은 졸아든 정도를 보고 가감하면 됩니다.

9

총 50분 정도 삶은 돼지 통앞다리살을 도마 위로 건져내 키친타월로 겉면을 닦아줍니다.

앞다리살이 공중부양하는 것처럼 보이는데요!?

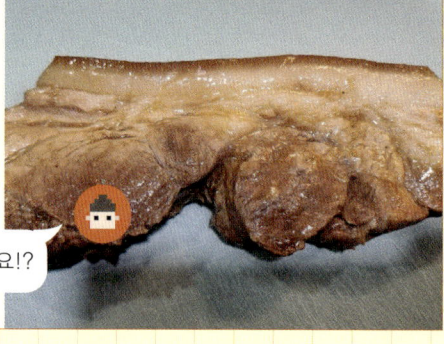

서차장 레시피

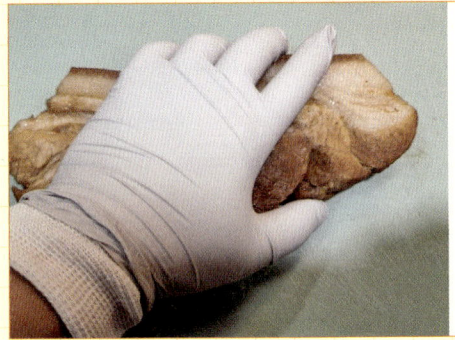

10

돼지 통앞다리살을 쥐고 칼로 수육을 얇게 썰어줍니다.

tip 천 장갑 위에 실리콘 위생장갑을 겹쳐서 끼면 수육처럼 뜨거운 음식을 자를 때 아주 좋습니다. 집게를 사용하는 것보다 예쁜 모양으로 고기를 자를 수 있습니다

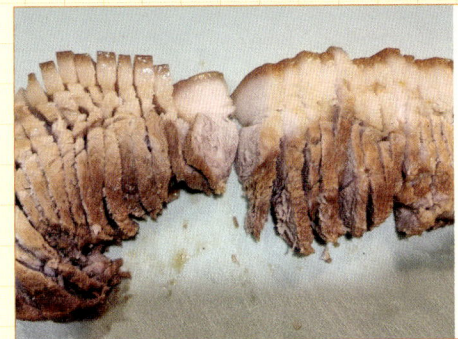

11

이렇게 썰어서 그대로 접시로 옮겨 담으면 됩니다.

12

일요일 아침 운동 후 준비한 돼지 통앞다리살 맥주 수육 브런치 완성입니다.

브런치=양식으로 생각하는 저, 반성합니다~

통앞다리살 맥주 수육

맛있게 먹기

돼지고기 수육은 맛있지만 고기만 먹을 수는 없지요. 수육에는 김치도 배추 겉절이무침도 다 어울리지만, 봄동 달래 겉절이무침과 같이 먹으면 "음~ 이게 제맛이지" 말이 절로 나옵니다. (봄동 달래 겉절이무침 만드는 법은 84~87쪽에 있습니다.)

살코기 부분은 퍽퍽해 보이지만 껍질 부위까지 비계가 있어서 퍽퍽함을 상쇄해줍니다.

100점짜리 돼지 통앞다리살 맥주 수육입니다.

봄동 달래 겉절이 무침을 감싸서 한 입 넣고 또 감탄!

이상 돼지 통앞다리살로 만든 맥주 수육이었습니다.

🟠 **집밥갈망러1** 봄동 달래 무침 군침 도네요. 레시피 풀어주세요~

🟠 **집밥갈망러2** 브런치 메뉴가 맥주에 삶은 돼지고기라니 어나더레벨이십니다!

밥반찬에 술안주까지, 차돌박이 된장전골

차돌박이는 저의 집밥 요리에 상당히 많이 사용되는 만능 재료입니다. 평범한 요리도 차돌박이가 들어가면 특별해지는 느낌입니다. 건강식마냥 온몸에 활력이 돌게 만들어주는 차돌박이 된장전골을 만들어봤습니다. 된장찌개보다 살짝 더 푸짐하고 고급스럽게 만든, 밥 반찬으로도 좋고 술안주로도 모자람이 없는 "차돌박이 된장전골"입니다.

재료 (2-3인분)

- 차돌박이 400g
- 애호박 1개
- 표고버섯 3개
- 팽이버섯 1팩
- 대파 1뿌리
- 양파 1개
- 두부 1모
- 사골곰탕팩 500g

조미료

- 고추장
- 일본 미소
- 집된장 또는 찌개용 된장

1
차돌박이 된장전골, 이름은 간단하지만 재료부터 레시피까지 심혈을 기울였습니다.

2
일단 라면냄비에 물을 700ml 정도 받아 끓입니다. 차돌박이를 데쳐서 기름기를 살짝 빼려는 것입니다.

3
물이 끓으면 냉동 차돌박이를 넣고 30초 정도만 데친 뒤 건져냅니다.

서차장 레시피

4

전골냄비에 채소와 두부를 먹기 좋은 크기로 잘라 둘러서 깔고, 라면냄비에서 건져낸 차돌박이도 전골냄비에 넣습니다.

5

차돌박이를 데친 물은 버리면 됩니다.

기름이 엄청나군요!

6

대파는 어슷 썰어 두었다가 마지막에 넣습니다.

차돌박이 된장전골

7

재료들이 빽빽하게 들어 있는 전골냄비에 사골곰탕팩 500g과 물 250ml를 붓습니다. 그리고 가스불을 세게 켜 그대로 끓입니다.

8

이제 전골에 양념을 더해줄 때입니다. 고추장 두 큰술을 먼저 넣습니다. 이 조리에서는 이게 한 큰술 양입니다.

9

그리고 된장 네 큰술을 넣어 끓입니다.

tip 시중에서 파는 찌개용 된장을 넣으셔도 됩니다. 집된장을 쓸 때는 조리용 체를 사용해서 찌꺼기를 걸러주세요.

서차장 레시피

10

마지막은 일본 미소로 간을 맞춥니다. 처음부터 많이 넣지 말고 한두 큰술 넣어 간을 보고 필요하면 더 넣습니다.

tip 여러 가지 장을 넣으면 한 가지를 사용할 때보다 복잡하고 깊은 맛을 낼 수 있습니다. 미소도 체를 이용해서 풀어주시고요.

11

어슷 썰어둔 대파를 넣고 애호박이 다 익을 때까지만 끓입니다.

12

전골은 끓이면서 먹어야 제맛! 가스버너까지 밥상에 올린 된장전골 한상입니다.

· 차돌박이 된장전골 ·

맛있게 먹기

냉동실에 있던 중화면 한 덩이도 밥상에 함께 준비했습니다. 된장전골의 건더기를 어느 정도 먹고는 가스버너의 불을 켜서 전골을 다시 끓여 중화면을 넣습니다. 면을 넣으면 국물이 꾸덕꾸덕해지니 물도 200ml 정도 추가로 넣어줍니다. 중화면과 차돌박이와 김치와 함께 먹으니 최고의 된장전골입니다.

국물부터 한술…
영혼이 치유되는 것 같은 국물이었습니다.

애호박과 차돌박이 한 점 같이 집어서 먹어보고…

밥도 말아 국물을 촙촙 섞어 듬뿍 떠먹으면 이게 바로 꿀맛

중화면이 국물을 듬뿍 머금을 때까지 끓여서 후루룩

이상 온몸에 활력이 돌게 만들어주는 차돌박이 된장전골이었습니다.

- **집밥갈망러1** 반주도 한잔 하셔야죠. 맛난 음식에 예의라 들었던 것 같습니다. ^^
- **집밥갈망러2** 차돌된장찌개와 된장술밥 사이 그 어디쯤의 맛인가요? 군침이 싹 도네요 😊😊

함께여서 더 맛있는, 토종닭 백숙과 데침부추

여름철 복날 즈음 삼계탕을 많이 해먹었는데 어느 순간부터 삼계탕보다는 백숙을 먹게 되었고, 영계 백숙보다 토종닭 백숙을 더 많이 해먹게 되었습니다. 이 토종닭 백숙을 더욱 맛있게 먹을 방법을 고민하다 찾은 조합이 데침부추! 안 먹어본 분들은 절대 모를 맛, "토종닭 백숙과 데침부추"의 조합입니다.

재료 (2인분)

- 양파 1개
- 대파 2뿌리
- 부추 1/2단
- 마늘 10쪽
- 치킨스톡
- 토종닭 1마리(1kg이 넘는 백숙용 크기로)

조미료

- 고추장
- 고춧가루
- 설탕
- 식초
- 굴소스
- 후춧가루
- 마늘가루

서차장 레시피

1

재료가 단출합니다. 백숙 국물 내기 재료가 없어도 괜찮습니다. 치킨스톡만 있어도 충분합니다.

2

일단 웍에 물을 2L 정도 붓고 끓인 뒤 끓는 물에 닭을 넣어 데칩니다. 음… 웍이 작은 게 아니라 닭이 컸습니다.

> 이 토종이는 모델 토종이가 틀림없어요ㅋㅋㅋ

3

토종닭을 돌려가며 데칩니다. 국자로 끓는 물을 끼얹어 10여 분 정도 데치면 됩니다.

서차장 레시피

4

데친 토종닭을 미지근한 물로 헹궈 주고

5

곰솥에 토종닭과 함께 통양파와 통마늘, 손으로 툭툭 자른 대파, 그리고 치킨스톡 세 개를 넣습니다.

6

토종닭이 4/5 정도 잠길 만큼 물을 부은 뒤 뚜껑을 닫고 센불로 40~50분 끓입니다.

tip 중간에 한두 번 뒤집어 골고루 익게 해줍니다.

서차장 레시피

7

토종닭 백숙이 되는 동안 매콤하고 달콤하면서 새콤하게 재료들의 맛을 끌어올려줄 양념장을 만듭니다. 일단 고추장 네 큰술과 고춧가루 네 큰술!

8

설탕 여섯 큰술과 마늘가루 반 큰술을 넣습니다. 마늘가루 대신 다진마늘을 사용해도 됩니다.

9

식초 여섯 큰술, 굴소스 한 큰술 반 정도를 넣고 잘 섞습니다.

tip 굴소스는 없으면 생략해도 되지만 넣으면 감칠맛을 살짝 더해줍니다.

서차장 레시피

10 40~50분 삶은 토종닭을 건져 스테인리스 볼에 담아 잠시 식힙니다.

11 체를 이용해 토종닭과 함께 넣은 채소들을 곰솥에서 건져내고

12 더 가는 체로 육수의 찌꺼기와 기름기도 건져냅니다.

아, 채소는 건져내도 이것까진 안 했는데 하나 배워 갑니다.

13

치킨스톡 덕분에 별다른 간을 할 필요 없이 이미 맛있는 닭국물입니다. 다시 가스불을 켜 마저 끓입니다.

> 이 국물에 칼국수면 삶아 넣으면 닭칼국수가 되는 건가요!

14

잠시 식혀둔 토종닭은 큼직큼직하게 잘라서 그릇에 옮겨 담고

15

그 위로 뜨거운 닭육수를 한 국자씩 부어 촉촉함을 더해줍니다.

서차장 레시피

16

닭육수가 끓고 있는 곰솥에 손질한 부추 반 단을 넣고 1분 30초 정도 데친 후 건져서 그릇에 담습니다.

부추랑 닭은 최강 조합입니닷👍👍

17

닭육수는 국그릇에 담아 후춧가루를 살짝 뿌려 마무리합니다.

18

작은 상이 꽉 차는 한상차림입니다.

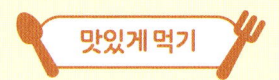

닭국물이 밴 데침부추를 양념장에 찍어 먹으면 진짜 맛있습니다. 특별히 신경 쓴 매콤하고 달콤하면서 새콤한 양념장은 재료들의 맛을 끌어올려줍니다. 퍽퍽한 닭가슴살도 맛있게 만들어준다지요.

> 진하디 진한 닭국물 먼저 한술 뜨고

> 닭껍질을 양념장에 찍어서 데침부추와 함께 듬뿍 집어서 한 입

> 데침부추랑 진짜 잘 어울리는 양념장

> 데침부추로 닭고기를 돌돌 말아서 양념장에 콕 찍어서 젓가락으로 먹는 서차장과

> 양손에 실리콘 장갑을 끼고 재량껏 드시는 김사장님!

이상 언제나 기대를 저버리지 않은 찰떡궁합 토종닭 백숙과 데침부추였습니다.

- 집밥갈망러1 이것이 제게 치킨스톡의 신세계를 열어준 서차장님의 레시피였습니다!!!
- 집밥갈망러2 약수동 만포막국수의 찜닭 쪽파 콜라보 못지 않은 비주얼입니다.

돼지찌개 아닌가, 애호박 고추장찌개

돼지고기가 듬뿍 들어간 돼지고기 고추장찌개를 남도 지역에서는 애호박을 듬뿍 넣어 애호박찌개로 부릅니다. 비슷하면서도 다르고 다르면서도 비슷한 두 요리를 흉내내서 "애호박 고추장찌개"로 만들어봤습니다.

재료 (2-3인분)

○ 애호박 2개
○ 양파 1개
○ 대파 1뿌리
○ 돼지목살 300g

조미료

○ 만능멸치육수
○ 고추장
○ 참치액
○ 재래식 된장 또는 찌개용 된장

서차장 레시피

1

애호박을 듬뿍, 두 개나 넣은 애호박 고추장찌개에 들어갈 재료입니다.

2

웍에 물 750ml를 넣고 끓입니다. 물이 끓으면 만능멸치육수 세 큰술을 넣어줍니다.

tip 만능멸치육수는 멸치액젓의 강한 맛을 줄인 육수 전용 조미료로 각종 요리에 활용하기 좋습니다.

3

고추장을 두 큰술 반 넣어줍니다. 이어서 된장도 반 큰술 넣습니다. 재래식 된장도 좋고 찌개용 된장도 좋습니다. 체로 찌꺼기 걸러주는 거 잊지 마시고요.

서차장 레시피

4
웍 안의 국물이 끓어오르면 돼지목살을 통으로 넣어 익힙니다.

5
고기를 익히면서 가위로 잘라줍니다.

tip 저는 통으로 넣고 익히면서 집게로 잡고 가위로 잘랐지만 미리 먹기 좋은 크기로 썰어서 넣어도 됩니다.

6
양파 한개를 채 썰어 웍 안으로 투하! 양파가 찌개에 단맛을 더해줄 겁니다.

7
대파 한 뿌리를 어슷 썰어 웍에 투하하고

8
애호박 두 개를 채 썰어 웍 안으로 부어줍니다.

9
애호박 양이 많아서 웍 안의 내용물들이 짜글이처럼 국물이 자박해 보입니다.

tip 되직해 보여도 애호박과 다른 채소에서 채수가 나오니 물을 더 붓지는 마세요.

서차장 레시피

10

조리 주걱으로 내용물을 고루 섞은 뒤 웍 뚜껑을 덮고 한소끔 끓입니다.

11

뚜껑을 열고 참치액 두 큰술을 넣어 맛을 정리합니다. 간이 부족하면 국간장 한 큰술, 매콤한 맛이 부족하면 고추장 반 큰술을 더 넣어줍니다.

> 저희 집은 새우젓으로 마무리하는데 감칠맛이 쓰나미처럼 밀려옵니다. ㅋ

12

간을 다 맞췄다면 웍 뚜껑을 덮고 가스불을 끄고 그대로 두었다가, 먹기 직전에 팔팔 끓이면 완성입니다.

tip 찌개류도 한 번 끓였다가 불을 끄고 뜸을 들인 뒤 다시 끓이면 맛이 더 깊어진답니다.

맛있게 먹기

돼지고기의 기름맛, 양파의 단맛, 된장과 고추장의 구수하고 매콤한 맛에 애호박의 고소함이 조화로운 국물입니다. 애호박이 왕창 들어갔는데 그릇에 담고 보면 딱 먹기 적당한 양입니다.

> 일단 국물부터 한술… 어우…

> 애호박 듬뿍 떠서 한 입… 크흡…

> 찌개용 돼지목살의 양도 적당합니다.

> 밥을 안 말 수가 없습니다. 국물이 배어들도록 잘 섞어 한 입…

> 김치까지 얹어서 또 한 입…

이상 주말 아침 집밥으로 잘 어울리는 애호박 왕창창창 고추장찌개였습니다.

집밥갈망러1 반포 조달청 뒤에서 먹어본 고추장찌개보다 열 배 더 맛있어 보입니다.

집밥갈망러2 애호박 고추장찌개는 겨울 별미인 줄만 알았는데 사시사철 좋은 메뉴로군요!

오이를 더 맛있게, 차돌박이 오이탕탕이

차돌박이 오이탕탕이는 제가 아는 오이 요리 중 가장 맛있는 요리입니다. 상큼짭짤해서 입맛을 돋우는 전식으로 좋지요. 오이만 무쳐도 아주 맛있고 다이어트에도 좋답니다. 차돌박이나 족발을 더하면 두 배 더 맛있어집니다. 군만두를 넣어도 좋지요. 소면이나 중면을 더하면 또 1.5배 정도 더 맛있어집니다. 최애 오이 요리 "차돌박이 오이탕탕이"입니다. 그리고 이 요리는 특별한 맛을 위해 꼭 해선장을 사용하세요!

재료 (2인분)

- 오이 3개
- 차돌박이 200g
- 중면

조미료

- 소금
- 참기름
- 해선장
- 참깨
- 쯔유
- 페페로치노
- 참치액

서차장 레시피

1

식사로 먹을 때는 면을 준비하고, 전식이라면 면이 없어도 됩니다.

tip 저는 면발이 소면보다 약간 굵어 씹는 식감이 더 있는 중면으로 준비했습니다만, 중면이 없다면 소면으로!

2

냄비에 중면 삶을 물을 끓입니다.

3

오이는 꼭지를 따고 겉면을 칼로 긁어 씻습니다. 씻은 오이를 빈 병이나 절구 방망이 같은 것으로 문질러서 으깨줍니다.

저는 텀블러로 때려서 해먹어요. ㅎㅎ

고기 집밥 이야기

서차장 레시피

4

으깨진 오이는 한입 크기로 자르고 스테인리스 볼에 담습니다.

5

우선 소금 반 큰술을 넣어 오이와 잘 섞어 밑간을 하고, 해선장도 세 큰술 넣어줍니다.

tip 이 요리에만큼은 해선장을 꼭!

6

참기름 세 큰술도 넣고, 마지막으로 참치액 두 큰술을 넣습니다.

tip 다른 조합으로도 양념을 만들어보았지만, 지금까지 말한 조합이 제일 좋았습니다.

서차장 레시피

7

오이와 양념을 모두 잘 섞습니다.

8

물이 끓기 시작하면 중면을 먹을 만큼만 넣어줍니다. 저는 1.5인분 양으로 넣어줬습니다.

와~ 면에 비벼먹는 건 생각도 못했는데, 역시 서차장님! 당면으로 한번 해먹어 봐야겠어요.

9

중면이 삶아지는 동안 절구에 참깨를 한 큰술 넣어 거칠게 갈아줍니다. 오이탕탕이 위에 뿌릴 용도입니다.

서차장 레시피

10

다 삶아진 중면을 체로 건져 찬물로 헹군 뒤 채반에 밭쳐 물기를 뺍니다.

11

중면 삶은 물에 차돌박이를 넣어 1분 정도 데친 뒤 체로 건져내 물기를 뺍니다.

tip 차돌박이를 데치면 기름기를 많이 뺄 수 있습니다.

12

오이를 무쳐둔 스테인리스 볼에 데친 차돌박이를 넣고 양념이 배도록 오이와 잘 섞어줍니다.

•차돌박이 오이탕탕이•

서차장 레시피

13

무쳐진 차돌박이 오이탕탕이를 큼직한 접시나 쟁반에 담습니다. 면을 올릴 수 있도록 가운데는 비워둡니다.

14

차돌박이 오이탕탕이 위로 갈아둔 참깨를 뿌립니다.

15

홀 페페로치노를 절구에 찧어 조각을 낸 다음 오이탕탕이 위로 뿌립니다.

tip 페페로치노 가루나 굵은 고춧가루를 뿌려주면 향도 맛도 한층 더 깊은 차돌박이 오이탕탕이가 됩니다.

서차장 레시피

16

비워둔 가운데 공간에 중면을 예쁘게 담아주고

17

중면 위로 참기름 두 큰술과 쯔유 두 큰술을 뿌려줍니다.

18

중면을 넣어주니 전식이 아닌 훌륭한 메인 요리가 된 차돌박이 오이탕탕이 입니다.

· 차돌박이 오이탕탕이 ·

새콤짭짤 양념에 무친 오이와 차돌박이가 맛을 내는, 차돌박이 오이탕탕이입니다! 중면은 먹기 전에 면만 살짝 섞어 먹으면 됩니다. 오이로만 만들면 정말 다이어트 식단용 음식이 됩니다!

페페로치노가 주는 매운맛이 큰 포인트가 됩니다.

일단 차돌박이와 중면부터 한 젓가락 후루루루룩

이어서 오이와 중면을 후루루루룩

차돌박이와 오이를 함께 먹으니 말할 필요 없이 훌륭한 맛입니다.

이상 오이를 가장 맛있게 먹을 수 있는 차돌박이 오이탕탕이였습니다.

집밥갈망러1 다이어트식으로도 좋다고 하시고는 차돌박이를 넣으면 어째요. 너무 맛있어서 많이 먹을 거 같잖아요!

집밥갈망러2 해선장! 페페로치노! 메모해야겠어요. 페페로치노 하나 마련해두면 파스타 해먹을 때도 더 그럴듯해 보일 것 같아요. ㅎㅎ

특별한 카레 한끼, 매운카레 버터마늘밥 with 닭다리살 정육 구이

어릴 적 어머니가 집에서 해주시던 카레부터 학창시절 도시락 반찬으로 싸 들고 다녔던 레토르트 식품 3분 카레까지, 카레는 아주 익숙한 음식입니다. 이국의 다양한 카레 베이스도 새벽배송으로 주문할 수 있는 지금, 집에서 만들어 먹는 카레는 익숙하면서도 특별한 음식이 되었습니다. 특별한 카레가 먹고 싶을 때 종종 해먹는 "매운카레 버터마늘밥 with 닭다리살 정육 구이"입니다.

재료 (2인분)

- 닭다리살 정육 1kg
- 마늘 플레이크 50g
- 냉동 혼합 야채
- 고형 카레
- 가염 버터 30g
- 무염 버터 30g
- 햇반 2개

조미료

- 소금
- 후추
- 올리브유
- 매운 고춧가루
- 케첩

서차장 레시피

1

재료들입니다. 고형 카레도 새벽배송으로 구할 수 있으니 좋습니다.

tip 냉동 혼합 야채는 냉동실에 쟁여두고 쓰면 편합니다. 볶음밥, 카레, 짜장, 된장찌개, 스튜 등등에 다 만능입니다.

2

닭다리살 정육에 소금과 후추를 뿌리고 올리브유를 발라 밑간을 하고 10~15분 정도 두었다가, 에어프라이어 190도에서 20분 구워줍니다.

tip 닭다리살의 껍질 부위가 위로 가도록 놓고 구우면 껍질은 바삭, 살코기는 촉촉!

3

무염버터 30g을 중불로 달군 팬에 넣고 녹입니다. 버터가 어느 정도 녹으면 냉동 혼합 야채를 넣어 버터와 함께 볶습니다.

서차장 레시피

4

야채를 버터와 함께 잘 섞으며 계속 중불에서 볶다가, 반 이상 익었을 때 물을 500ml 넣고 가스불을 세게 켜 줍니다.

5

팬에서 물과 내용물들이 끓어오를 때까지 기다립니다.

6

기다리면서 튀긴 마늘 플레이크를 봉지에 담아 손으로 마구 주물러서 잘게 부숩니다. 부순 마늘 플레이크는 버터마늘밥에 들어갑니다.

> 튀긴 마늘 플레이크, 처음 듣는 재료인데 왠지 유용할 것 같은!

• 매운카레 버터마늘밥 •

서차장 레시피

7

냄비에서 물이 끓어 오르면 고형 카레를 넣고 냄비의 내용물이 걸쭉해지면 가스불을 중약불이나 약불로 줄여 끓입니다.

8

고형 카레가 모두 녹아 재료들과 섞이면 약불로 1분간 더 끓이고 가스불을 꺼둡니다.

9

가스레인지 한쪽에 다른 팬을 올리고 약불로 가열합니다. 가열된 팬에 가염 버터 30g을 넣고 녹입니다.

tip 카레용 채소 볶을 때는 무염 버터, 밥을 볶을 때는 가염 버터입니다!

서차장 레시피

10
팬에 햇반 두 개를 넣고 버터와 잘 섞어줍니다. 가스불을 약불에서 강불로 올리고 버터물 먹은 밥을 한 번 볶아줍니다.

11
볶은 밥에 미리 부숴둔 튀긴 마늘 플레이크를 넣습니다.

12
가스불을 약불로 줄이고, 버터에 볶은 밥과 부순 마늘 플레이크를 잘 섞은 뒤 넓게 펴둡니다. 가스불을 끄고 잠시 그대로 둡니다.

> 아니, 뭔 카레를 이렇게 밥까지 고급지게… ㅋㅋㅋㅋ

매운카레 버터마늘밥

서차장 레시피

13

그 사이 에어프라이어에서 20분 구운 닭다리살 정육의 조리가 완료되었습니다.

14

가스불을 꺼둔 카레를 다시 중불로 가열하기 시작하면서, 매운 고춧가루 한 큰술과 케첩 네 큰술을 넣고 잘 저어줍니다.

> 매운 고춧가루 넣을 생각은 못했네요. 고춧가루 도전! 케첩도 메모입니다!

15

고춧가루와 케첩을 잘 섞은 뒤 가스불을 끕니다.

서차장 레시피

16

밥공기에 버터마늘밥을 눌러 담고 그 그릇을 다시 접시에 거꾸로 해서 담아줍니다.

> 와……… 저 카레 진짜 좋아하는데 마늘밥 조합은 생각도 안 해봤어요.. 이거 꼭 해먹어 보겠습니다!!

17

접시의 빈 공간에 닭다리살 정육 구이를 식가위를 이용해서 먹기 좋게 잘라 담아줍니다.

18

매운카레를 듬뿍 퍼서 버터마늘밥과 닭다리살 정육 구이 사이에 담아주면 완성입니다!

맛있게 먹기

닭다리살 정육 구이를 곁들인 매운카레 버터마늘밥 정식! 밥은 버터로 볶아 고소하면서도 마늘 플레이크가 주는 식감과 풍미가 매운카레와 기가 막히게 잘 어울립니다. 거기에 구운 닭다리살 정육까지 올려주니 맛은 더욱 풍부해집니다. 돼지 목살을 구워서 함께해도 좋습니다.

> 이 버터마늘밥이 킥!!입니다.

> 매운 카레부터 한 입. 맵게 만들었으니 당연히 맵습니다.

> 매운카레의 오묘한 맛이 고기와 상당히 잘 어울리는 건 덤입니다.

> 듬뿍 퍼서 닭다리살 구이랑 얼갈이 겉절이 올리고 한 입 크게 먹으면 꿀맛!

이상 매운카레 버터마늘밥 with 닭다리살 정육 구이였습니다.

집밥갈망러1 이건 뭐 쉐프의 킥이 한두 개가 아니라서 메모 불가네요. ㅎㅎ

집밥갈망러2 늘상 창의적인 조합에 놀라요!

집밥갈망러3 매운카레 좋아하는데 이 글을 남의편한테 보여줘야겠어요.

집에서 해먹는 육회 요리, 양념부추 육회 표고솥밥

육회를 만들어 먹었다고 하면 "육회를 집에서 해먹을 수 있어요?" 되묻는 분들이 많습니다. 동네마다 여러 개씩 있는 정육점에서 소고기 육회거리로 달라고 하면 싸고 쉽게 손질된 육회를 살 수 있습니다. 간장, 설탕, 참기름만 있으면 되니 재료도 구하기 쉽고 맛내기도 쉬운 음식입니다. 어떻게 하면 육회를 더 맛있게 먹을 수 있을까 고민하다가 탄생한, "양념부추를 곁들인 육회 표고솥밥"입니다!

재료 (2인분)

- 육회용 소고기 400g
- 콩나물 300g
- 표고버섯 2송이
- 부추 200g
- 마늘 8쪽
- 계란 2알
- 쌀(햇반으로 대체 가능)

조미료

- 간장
- 설탕
- 참기름
- 들기름
- 참치액
- 맛간장
- 만능멸치육수
- 고춧가루
- 참깨

서차장 레시피

1

표고버섯 솥밥, 육회, 양념부추, 콩나물무침과 콩나물국을 할 예정입니다. 우선 재료들을 꺼내놓습니다.

tip 한 번에 여러 가지 음식을 만들 때는 재료들을 구분해서 따로 두는 것이 실수를 줄여줍니다.

2

일단 2인분 정도 분량의 쌀을 잘 씻어 물에 담가 불려둡니다.

3

육회용 고기 400g은 키친타월로 핏기를 잘 닦은 뒤 스테인리스 볼에 담습니다.

서차장 레시피

4
표고버섯 두 개는 뿌리 부분은 잘라 내고 얇게 편 썰고, 마늘 여덟 쪽은 칼 옆면으로 으깹니다.

표고가 든 명절선물세트를 누구 줘버릴까 하던 참인데, 연휴에 표고솥밥 해먹어야겠습니다!!!

5
으깬 마늘을 육회용 고기가 들어 있는 스테인리스 볼에 넣습니다.

6
이제 육회용 양념장을 만듭니다. 간장 여섯 큰술, 설탕 세 큰술을 넣고 설탕이 잘 녹을 때까지 섞습니다.

양념부추육회 표고솥밥

서차장 레시피

7

설탕이 잘 녹은 뒤 참기름 세 큰술을 넣고 잘 섞으면 육회용 양념장 1분컷 완성입니다.

tip 양념장을 미리 준비해놓고 먹기 직전에 육회에 넣어 무치면 됩니다.

2

콩나물을 잘 씻어 채반에 밭쳐 물기를 뺍니다. 손질 콩나물이라 크게 손질할 것은 없습니다. 부추도 물에 잘 씻어둡니다.

9

불려둔 쌀을 물과 함께 솥에 넣고 가스레인지에 올려 중불로 끓입니다.

서차장 레시피

10
씻은 부추는 밑단과 윗단을 과감하게 잘라내고 새끼손톱 크기로 썹니다.

> 솥부터 사고 싶어요ㅋㅋㅋ 장비병 ㅠㅠ

11
밥을 끓이면 거품이 올라오다가 어느 순간 쌀이 수분을 다 흡수해 거품이 안 보이기 시작하는데, 이때 가스불을 약불로 줄입니다.

12
다시 부추로 돌아가서, 썰어둔 부추를 스테인리스 볼에 담고 그 위로 들기름 두 큰술, 맛간장 두 큰술을 넣습니다.

양념부추육회표고솥밥

서차장 레시피

13

그리고 고춧가루 한 큰술을 넣고, 마지막으로 참깨도 반 큰술 이상 넣은 뒤 마구 섞습니다.

14

양념장 대신 사용될 양념부추입니다. 간은 숟가락으로 푹 떠먹어도 될 정도로 슴슴한 편입니다.

> 우와~ 칼질도 잘 하시고, 육회에 양념 부추라니 매번 새로운 조합을 생각해내는 게 대단!

15

약불로 밥을 짓던 솥의 뚜껑을 열고 얇게 썰어둔 표고버섯을 밥 위로 올린 뒤 물을 50ml 정도 뿌립니다. 그리고 약불로 2~3분 더 조리합니다.

서차장 레시피

16

가스레인지 한쪽에선 웍에 물 1L를 넣고 끓입니다. 콩나물 조리에 쓸 물입니다.

17

표고솥밥을 짓던 솥의 가스불을 끄고 잔열로 뜸을 들입니다.

tip 조리하는 데 걸리적거리니 뜸 들이는 동안 다른 가스구에 옮겨둡니다.

18

가스레인지에 팬을 올리고 중불로 가열합니다. 가열된 팬에 식용유를 두르고 계란을 깨뜨려 넣어 계란 프라이를 만듭니다.

서차장 레시피

19

웍에서 물이 끓기 시작하면 준비해둔 콩나물을 넣고 끓는 물에 30초 데친 뒤 반만 건져내고 반은 그대로 계속 끓여줍니다.

20

건져낸 콩나물은 찬물에 빠르게 씻고 물기를 꼭 짜둡니다.

21

웍에 만능멸치육수 세 큰술을 넣고 잠시 바글바글 끓이다가 참치액을 한 큰술 넣어 맛을 정리해주면 콩나물국 완성입니다.

tip 취향에 따라 고춧가루를 한두 큰술 넣어줍니다.

서차장 레시피

22

다시 육회로 와서, 만들어둔 육회 양념장을 육회거리와 으깨진 마늘이 담긴 볼에 싹싹 긁어서 붓고 잘 버무리면 육회 완성입니다.

> 육회 못 먹는데, 왜 맛있어 보일까요!

23

뜸들이던 솥밥의 밥과 표고버섯을 살짝 섞어 접시에 담습니다.

24

접시에 계란 프라이, 양념부추, 데친 콩나물, 육회를 모두 올려 예쁘게 담아내면 완성입니다.

양념부추육회 표고솥밥

맛있게 먹기

육회만 먹기 아쉬워서 차려봤는데 정말 흡족하게 먹은 한끼였습니다. 접시까지 먹을 뻔 했습니다. 표고버섯 솥밥에 육회, 데친 콩나물 고명, 슴슴한 양념부추와 콩나물국까지, 무려 네 가지나 됩니다. 비벼서 먹기보다 여러 조합으로 조립해 먹으면 더 맛있습니다.

밥 위에 데친 콩나물 올리고 육회에 양념부추까지 4층으로 한 입…

목이 메면 콩나물국 한술 뜨면 됩니다.

솥밥에 물을 넣고 끓이면 표고버섯향과 맛이 나는 멋진 숭늉이 됩니다.

음식들의 맛을 끌어올려 주는 양념부추입니다.

이상 양념부추로 맛낸 육회 표고솥밥이었습니다.

🙂 **집밥갈망러1** 조만간 책 한 권 발간하시겠어요👍

🙂 **집밥갈망러2** 회사 앞에서 이 메뉴 팔아줬음 좋겠습니다.

봄동 달래 겉절이 · 달래비빔국수 · 냉이 된장찌개 · 오징어 미나리 부침개 · 멸치
열무 냉칼국수 · 냉짬뽕 라면 · 밥도둑 양념 꽃게살 · 굴 파스타 · 미역국 굴국밥

계절 집밥 이야기 2

입맛 살려주는 봄동 달래 겉절이

봄 하면 생각나는 식재료 중에 봄동과 달래가 있습니다. 지금은 사계절 내내 볼 수 있지만요. 달래장과 달래무침, 봄동무침, 봄동 된장찌개… 봄 입맛을 돋우는 음식들이죠. 봄동과 달래 모두 무침으로 해먹을 수 있는지라 둘 다 넣어 봄철 입맛을 확 살려주는 "봄동 달래 겉절이"를 만들어봤습니다.

재료 (1-2인분)

○ 봄동 1포기
○ 달래 60g

조미료

○ 고춧가루
○ 소금
○ 간장
○ 알룰로스
○ 참기름
○ 멸치액젓
○ 식초

서차장 레시피

1

달래는 뿌리 부분의 껍질을 까서 버리고 물에 잘 씻습니다. 봄동은 물에 잘 씻어 먹기 좋은 크기로 자릅니다.

tip 달래는 뿌리 부분의 껍질을 손으로 꼬집듯이 해서 벗겨내면 까기가 쉽습니다.

2

씻은 봄동을 먹기 좋은 크기로 잘라 체에 밭칩니다. 봄동 위에 소금을 두 큰술 뿌리고 잘 버무려 10분 동안 그대로 두면 봄동의 숨이 죽습니다.

3

봄동의 숨이 죽는 동안 겉절이 양념장을 만듭니다. 양념장은 넉넉하게 만드는 게 좋으니, 먼저 고춧가루 여섯 큰술을 넣고

서차장 레시피

4

간장 세 큰술과 멸치액젓 한 큰술

5

알룰로스나 물엿 네다섯 큰술, 그리고 식초 여섯 큰술

tip 저는 새콤한 겉절이를 좋아해서 식초를 여섯 큰술 넣었는데 취향에 따라 식초 양을 조절하세요.

6

마지막으로 참기름 두 큰술을 넣고 마구마구 섞어주면 양념 완성입니다.

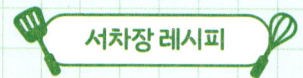

7
숨죽은 겉절이는 물에 담가 소금기를 씻은 뒤에 체에 밭쳐 물기를 뺍니다.

8
물기를 뺀 봄동을 스테인리스 볼에 옮겨 담습니다.

9
씻어둔 달래는 새끼손가락 길이로 자르고 뿌리의 머리 부분은 칼 옆면으로 눌러서 살짝 으깨줍니다.

서차장 레시피

10
손질한 달래를 봄동과 같이 볼에 담아줍니다.

11
만들어둔 겉절이 양념장을 2/3만 넣어 버무립니다.

12
양념에 버무려진 겉절이 맛을 보고 맛있으면 그대로, 양념이 모자라다 싶으면 남은 양념을 더 넣어 버무린 뒤 접시에 옮겨 담습니다.

> 아… 보기만 해도 침이 고입니다.

봄동 달래 겉절이

맛있게 먹기

봄동 겉절이 무침은 입맛을 두 배로 끌어올려줍니다. 아주 적절한 양념에 봄동의 식감과 맛 그리고 달래의 향과 맛까지… 제가 만들었지만, 말이 필요 없는 모양새와 맛이었습니다. 수육과 된장찌개도 같이 준비하면 풍성한 한상이 됩니다. (수육 만드는 법은 30~33쪽에 있습니다.)

봄동과 달래를 고루 집어 한 젓가락…
밥을 부르는 맛입니다.

돼지 앞다리살 수육과 함께 먹으니 궁합이 아주 제대로였습니다.

이상 입맛 살리는 봄동 달래 겉절이 무침이었습니다.

집밥갈망러1 마침 봄동이랑 달래가 냉장고에 있어서 방금 따라해 무쳐먹었어요. 달래가 들어가니 맛이 상승되네요.^^

집밥갈망러2 봄동 겉절이에 밥 비벼서 퓌날레를 땡겨야 할 것만 같습니다.ㅋㅋㅋ

봄내음 가득한 새콤달콤 달래비빔국수

봄의 대표 식재료 달래! 달래장, 달래무침 등을 만들어 먹곤 하는데 '비슷하면서도 색다른 음식을 해먹을 수 있지 않을까?' 하는 생각이 들었습니다. 그래서 떠오른 것이 "달래비빔국수"였습니다. 비빔국수를 할 때는 중면을 쓰는데, 국수면 중 면발이 가장 굵어 쉽게 붓지 않고 씹는 맛이 소면이나 세면보다 좋아서입니다.

재료 (1-2인분)

- 중면
- 달래 100g
- 마늘 4쪽
- 청양고추 2개

조미료

- 고춧가루
- 간장
- 식초
- 참기름
- 알룰로스
- 초고추장

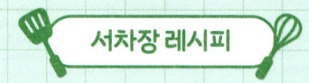

서차장 레시피

1

달래비빔국수는 달래만 있다면 집에 있는 식재료들로 쉽게 만들 수 있는 음식입니다.

2

달래는 뿌리 부분 껍질을 벗겨 깨끗하게 잘 씻은 뒤 줄기는 손가락 마디 정도 크기로 잘라주고, 뿌리 쪽은 잘게 다집니다. 청양고추 두 개는 잘게 썰고 마늘 네 개는 다져둡니다.

3

면기에 물을 끓이고 중면 2인분 양을 넣고 삶습니다.

서차장 레시피

4

면이 삶아지는 동안 양념장을 준비합니다. 일단 고춧가루 여섯 큰술과 양조간장 네 큰술을 넣고

5

식초 네 큰술과 참기름 네 큰술

> 달래양념장은 간장이 주인공인 줄로만 알았는데 말입니다 @@

6

마지막으로 알룰로스나 설탕 두 큰술을 넣고 잘 섞습니다.

7

양념장을 만드는 동안 국수가 삶아졌을 겁니다. 확인해서 국수가 다 삶아졌다면 찬물에 박박 헹군 뒤 체에 밭쳐 물기를 뺍니다.

8

손질해둔 달래와 청양고추, 마늘을 그릇에 담아 양념장의 반을 넣고 버무려 달래장을 완성합니다.

9

물기를 뺀 중면 국수를 스테인리스 볼에 담고 남은 양념장 반을 넣어줍니다.

tip 초고추장과 달래장을 추가할 예정이니 비빔국수의 양념이 모자라도 걱정하지 않으셔도 됩니다.

서차장 레시피

10

맛을 더하기 위해 초고추장 두 큰술을 추가해 비벼줍니다.

11

잘 비벼진 국수를 그릇에 담은 뒤 만들어둔 달래장을 국수 위에 올리면 달래비빔국수 완성입니다.

12

순식간에 완성된 국수 한상입니다. 집에 국이 있다면 같이 차리면 더 좋습니다. 저는 미역국과 함께!

오~ 미역국이라… 매운 비빔국수에 딱! 이겠는데요. 콩나물국도 좋을 것 같고요.

· 달래비빔국수 ·

맛있게 먹기

국수를 담은 접시에 단무지를 올리니 단무지의 노란 색감이 빨간 양념의 국수와 초록 달래장과 참 잘 어울렸습니다. 달래장이 이렇게 훌륭하게 비빔국수의 곁들임이 될 줄 몰랐습니다. 정말 남김없이 먹어 치울 수밖에 없는 국수였습니다.

비빔국수와 달래장을 듬뿍 집어서 한 입… 오~

비빔국수와 달래장을 한 번 더 섞고 듬뿍 집어 또 한 입… 와~

단무지가 간간이 놀란 입안을 달래줍니다.

이상 봄, 달래비빔국수였습니다.

🧑 **집밥갈망러1** 미식가의 사계절은 식탁에서부터 시작한다고 하죠. 봄이 왔네요 🌱

🧑 **집밥갈망러2** 달래장에 따끈한 밥 비벼먹어도 한 그릇 뚝딱인데ㅎㅎ 비빔국수라니 상큼함이 확 느껴집니다.^^

봄맛 꿀맛 냉이 된장찌개

봄을 알려주듯 동네 마트에 냉이가 나와 있어 한 봉지 사왔습니다. 냉이 하면 냉이 된장찌개지요. 손질하기도 어렵고 어쩐지 덜 씻긴 것처럼 보이는 식재료인지라 집에서 냉이가 들어간 요리를 잘 안 해먹는 것 같습니다. 하지만 손질과 세척법만 확실하게 안다면 봄 내음 가득한 냉이 요리를 봄이 올 때마다 집에서 해먹게 됩니다. 손질할 때 진한 냉이향이 올라와 기분이 좋아지는 "냉이 된장찌개"입니다.

재료 (1-2인분)

○ 냉이 100g
○ 애호박 1개
○ 느타리버섯 1팩
○ 청양고추 3개
○ 대파 1/2 뿌리

조미료

○ 만능멸치육수
○ 재래식 된장 또는 집된장
○ 고추장

서차장 레시피

1

재료부터 꺼내놓습니다.

tip 냉이 된장찌개는 냉이가 주인공, 버섯이나 애호박은 생략해도 됩니다.

2

쌀뜨물 500ml를 뚝배기에 넣고 일단 끓여줍니다.

3

냉이는 물로 깨끗이 씻고, 뿌리 부분은 칼날로 긁어 하얗게 만든 뒤 칼등으로 두드려서 부드럽게 해줍니다.

tip 냉이 잎은 씻은 뒤에도 얼룩이 있어 잘 안 씻긴 것처럼 보이지만, 뿌리 부분만 제대로 손질해주면 문제 없습니다.

서차장 레시피

4

애호박은 잘 씻어 꼭지를 자른 뒤 어슷썰기로 큼직하게, 대파와 청양고추는 잘게 썰어둡니다.

5

느타리버섯은 손으로 길쭉하게 찢어 줍니다.

어우~ 저는 느타리버섯 찢는 게 왜 그렇게 귀찮은지…

6

쌀뜨물이 끓으면 만능멸치육수 세 큰술을 넣어 밑간을 한 뒤, 재래식 된장을 두 큰술 듬뿍 넣습니다.

tip 냉이 된장찌개는 찌개용 된장으로 세련되게 끓이는 것보다 재래식 된장이나 집된장으로 투박하고 구수하게 끓이는 것이 좋습니다.

서차장 레시피

7

고추장도 반 큰술에서 한 큰술 정도 넣어 매콤한 맛으로 포인트를 줍니다.

tip 끓이다가 물이 졸아들면 100ml씩 물을 추가하며 물 양을 조절합니다.

8

양념을 풀어 맛을 낸 국물에 애호박을 먼저 넣습니다. 된장찌개에 들어간 애호박은 푹 끓여야 맛있습니다.

애호박이 큼직하니 맛있게 익겠는걸요!

9

찢어둔 느타리버섯을 넣고 한소끔 끓인 뒤 일단 뚝배기 뚜껑을 닫고 가스불을 끕니다. 그리고 먹기 직전에 다시 끓입니다.

.계절 집밥 이야기.

서차장 레시피

10

먹기 직전에 다시 끓일 때 청양고추와 대파를 먼저 넣습니다.

11

손질해둔 냉이를 넣고 1분만 더 끓입니다. 오래 끓이면 냉이향이 줄고 국물에 맛만 뱁니다.

> 아… 냉이 넣고 오래 끓이면 안 되는군요. 그래서 내 냉잇국의 냉이는 맛이 그랬던 거군요.

12

냉이가 파릇파릇하게 살아 있을 때 조리를 마무리합니다.

·냉이 된장찌개·

맛있게 먹기

재래식 된장을 넣고 투박하고 구수하게 끓인 냉이 된장찌개. 글로 표현은 힘들지만 이 향은 봄내음입니다. 뒤이어 느껴지는 쌉사름한 냉이의 맛이 녹아 있는 된장찌개 국물도 봄맛입니다.

- 일단 국물부터 한술
- 밥 위에 냉이를 올려 함께 한 입
- 푹 익은 애호박도 한 입
- 찌개 건더기들을 밥 위에 듬뿍 올리고 또 한 입

이상 봄맛 꿀맛, 봄내음 물씬 냉이 된장찌개였습니다.

 **집밥갈망러1** 사진에서 냉이향이 올라오는 것 같습니다!! 맛있겠네요. 침샘 자극!!! 😋

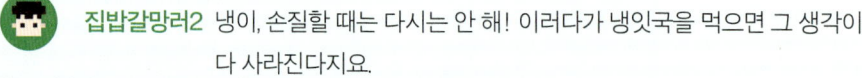 **집밥갈망러2** 냉이, 손질할 때는 다시는 안 해! 이러다가 냉잇국을 먹으면 그 생각이 다 사라진다지요.

미나리 반 오징어 반, 오징어 미나리 부침개

미나리는 3월을 대표하는 건강한 식재료입니다. 요즘은 하우스 재배로 3월이 아니어도 사시사철 만날 수 있지만 3월이 가장 먹기 좋게 부드러워지고 영양소가 가장 많은 시기이기도 합니다. 미나리로 할 수 있는 요리가 참 많은데, 미나리처럼 고유의 향이 있는 식재료들은 생으로 먹거나 식용 기름을 만날 때 고유의 향과 맛을 유지해 먹을 수 있습니다. 그래서 결정한 메뉴 "오징어 미나리 부침개"는 밖에서는 사먹기 힘든, 오징어가 푸짐하게 들어간 오징어 폭탄 미나리 부침개가 되었습니다.

재료 (2인분)

○ 청도 미나리 200g 2단
○ 오징어 3마리
○ 청양고추 4~5개
○ 부침가루

조미료

○ 소금
○ 식용유

서차장 레시피

1

싱크대에 재료들만 올려두었는데도 벌써 향긋한 미나리향이 식욕을 자극합니다. 오징어를 무려 세 마리나 준비했습니다.

2

스테인리스 볼에 부침가루 400g을 담고 물 600ml를 붓습니다.

3

부침가루와 물을 1 : 1.5 비율로 섞어서 묽은 반죽을 만듭니다.

tip 반죽은 모자라지 않게 넉넉하게 만드는 것을 권장합니다.

서차장 레시피

4

청양고추 네다섯 개를 씨를 빼고 채 썰어서 스테인리스 볼에 담고

5

미나리는 잘 씻어서 검지손가락 길이로 잘라 청양고추가 담긴 스테인리스 볼에 담습니다.

6

오징어를 큼직하게 채 썰어서 미나리 위로 붓고, 소금 반 큰술을 넣습니다.

tip 오징어 채 썰기가 어렵다면 오징어 몸통을 긴 방향으로 반으로 가른 뒤 식가위로 자르세요.

서차장 레시피

7

만들어둔 반죽 두 국자를 재료들이 담긴 스테인리스 볼에 붓고, 조리용 장갑을 끼고 미나리가 숨이 죽을 때까지 잘 섞습니다.

8

가스레인지 위에 팬을 올리고 중불로 가열합니다. 그리고 반죽을 넣기 전에 식용유를 넉넉하게 두릅니다.

tip 전 부칠 때는 불 조절이 가장 중요합니다. 팬의 재질에 따라 불 세기를 달리해야 합니다. 또, 식용유를 아낌 없이 써야 합니다.

9

달군 후 식용유를 둘러준 팬에 반죽을 국자로 덜어 담고 넓게 펴줍니다.

tip 부침개는 크게 부칠수록 어렵습니다. 부침개 전문가가 아니라면 작게 만드는 것이 훨씬 쉽습니다.

서차장 레시피

10

오징어와 미나리 사이에 듬성듬성 틈이 있으면 반죽을 조금씩 빈틈에 뿌려서 매꿔줍니다.

11

오징어 범벅! 최고의 전이죠. 막걸리가 필요한 때입니다~

반죽과 미나리의 수분 때문에 부침개는 쉽게 타지 않습니다. '타지 않을까?' 싶을 때까지 두었다가 전을 뒤집어 노릇노릇해질 때까지 부칩니다.

12

노릇노릇하게 일단 여섯 장을 부쳐 차린 한상입니다.

오징어 미나리 부침개

맛있게 먹기

미나리 반 오징어 반인 오징어 미나리 전입니다. 오징어가 진짜 그득그득… '미나리를 조금 더 넣을 걸 그랬나?' 하는 생각이 들기도 했습니다. 1인분에 기본 세 장씩이었습니다. 세 장 정도 먹으니 배가 꽉 차 올랐는데… 남은 반죽을 마저 부치니 두 장이 추가되었습니다.

> 오징어가… 많긴 많았습니다.

> 식기 전에 본격적으로 오징어 미나리전을 흡입합니다.

> 입천장 까짐 주의!!

이상 오징어 폭탄 오징어 미나리 부침개였습니다.

 집밥갈망러1 사먹으면 오징어 서너 조각 넣어주는데 역시 집에서 해먹어야! ^^

 집밥갈망러2 세상에… 오징어 반 미나리 반!! 정말 끝장나는 조합입니다. 👍

라면의 변신1, 시원한 멸치 열무 냉칼국수

한여름, 냉면만큼 시원한 음식을 꼽자면 당연히 열무국수입니다. 열무국수만큼 좋아하는 것이 또 열무 냉칼국수인데 주변에 잘하는 곳 찾기가 쉽지 않습니다. 그런데 열무김치만 있으면 집에서도 맛 보장 열무 냉칼국수를 쉽게 만들 수 있습니다. 바로 라면을 활용한 멋진 집밥 레시피 "시원한 멸치 열무 냉칼국수"입니다.

재료 (2인분)

○ 멸치칼국수 라면 2개
○ 열무김치

조미료

○ 레몬즙(없으면 식초)

서차장 레시피

1

멸치칼국수 라면과 열무김치가 있다면 시원한 여름 음식 열무 냉칼국수를 쉽게 만들 수 있습니다.

> 칼국수 라면으로 냉칼국수 만들 생각을 대체 어떻게 하시는 거죠?

2

라면 삶을 물을 냄비에 끓이고

3

차가운 물 300~330ml를 스테인리스 볼에 담아줍니다.

서차장 레시피

4

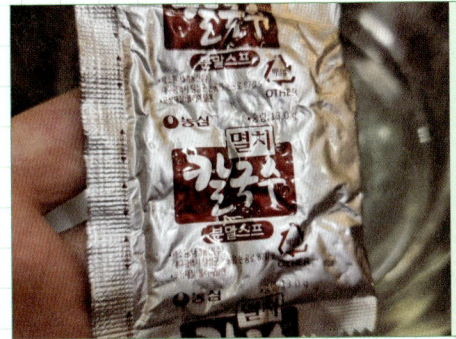

멸치칼국수 라면 분말스프 하나를 물에 풀고

5

열무김치 국물을 100ml 정도 퍼서 스테인리스 볼에 넣고 섞어줍니다. 이 정도 양으로 네 번 정도 퍼 담아줬습니다.

6

레몬즙이나 식초 서너 큰술을 넣고 섞어주면 육수 완성입니다.

tip 저는 새콤한 걸 좋아해서 레몬즙(레몬주스)를 네 큰술 넣었지만, 식초나 레몬즙이 없어도 괜찮습니다. 식초를 넣는다면 두 큰술 이상부터는 맛을 봐가며 더해주세요.

7

냄비에서 물이 끓으면 라면의 면과 건더기를 넣고 5분간 삶아주고

tip 약간 꼬들한 면을 선호한다면 4분 30초만 삶는 게 좋습니다.

8

체에 걸러 찬물로 헹군 뒤 물기를 털어내고

9

그릇에 옮겨 담습니다.

서차장 레시피

10

얼음 몇 덩이도 함께 담고…

11

만들어둔 냉칼국수 국물을 면 위로 부어줍니다.

tip 냉칼국수 라면 육수를 미리 만들어 얼렸다 사용하면 더욱 시원한 국물로 맛있게 먹을 수 있습니다.

12

열무김치를 먹을 만큼 면 위에 고명처럼 올려주면 완성입니다.

맛있게 먹기

조리에 총 10분이 안 걸리는 요리, 멸치칼국수 라면을 이용한 멸치 열무 냉칼국수입니다. 라면 스프와 열무김치 양념의 적절한 조화, 딱 원하던 맛이 나왔습니다.

이상 더운 여름 참으로 시원하고 만족스러웠던 멸치 열무 냉칼국수였습니다.

- 집밥갈망러1 영감이 무궁무진한 서차장님, 진정한 집밥 요정이십니다.
- 집밥갈망러2 멸치칼국수 라면으로 만든 냉칼국수, 완전 쌈박한 메뉴군요.

라면의 변신2, 시원하게 해장 가능 냉짬뽕 라면

뜨거운 라면을 시원하게 먹는다면? 냉라면입니다. 그렇다면 짬뽕 라면으로 냉라면을 만들면? 바로 냉짬뽕 라면이 됩니다. 면 없이 콩나물 듬뿍, 당근채, 오이채, 양배추채만 넣어 해먹어도 맛이 좋습니다. 콩나물을 숙주로 대체해도 됩니다. 스프를 활용한 국물만 있다면 어떤 재료로든 응용 가능한 "냉짬뽕 라면"입니다.

재료 (2인분)

○ 진짬뽕 라면 1개
○ 무순 100g
○ 콩나물 300g
○ 계란 2알
○ 당근 1/5개

조미료

○ 가쓰오부시 육수
○ 식초
○ 알룰로스(없으면 물엿)

서차장 레시피

1

진짬뽕 라면의 변신, 냉짬뽕 라면을 만들기 위한 재료들을 꺼내봅니다.

2

냄비에 물을 담고 소금을 풀어 계란을 14분 동안 완숙으로 삶습니다.

> 계란 삶을 때도 소금을 푸는군요? 나물 데칠 때만 넣었었더랬는데.

3

콩나물과 무순은 잘 씻어 물기를 빼두고 당근은 채칼로 채 썰어둡니다.

서차장 레시피

4

2인분 기준으로 냉육수용 물 360ml를 준비하고

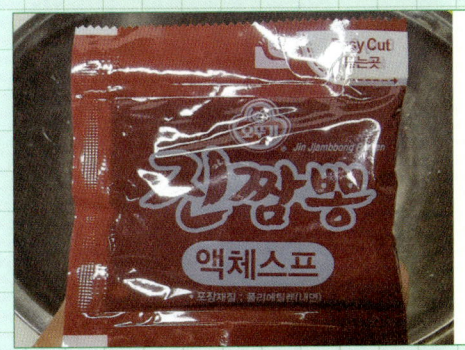

5

진짬뽕 액체스프 하나를 물에 풀어줍니다.

tip 스프 맛이 생각보다 진합니다. 한 개만 넣어도 2인분을 만들기에 충분합니다.

6

거기에 가쓰오부시 육수 세 큰술과 식초 네 큰술을 넣고

서차장 레시피

7

알룰로스나 물엿 두 큰술을 넣고 잘 섞어주면 육수 완성입니다.

tip 식초 + 다시다 + 설탕의 조합이면 어지간한 냉면맛집 육수는 흉내낼 수 있다고 하는데 그 의미를 알 것 같습니다.

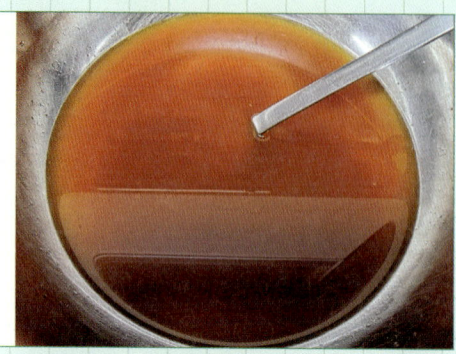

8

냄비에 물을 끓이고 진짬뽕 라면의 면과 건더기스프를 넣어 삶습니다.

9

면이 어느 정도 익었다 싶을 때 콩나물을 넣고 함께 삶아줍니다. 너무 익지 않도록 2분 정도만 끓입니다.

서차장 레시피

10

냄비에 있던 내용물을 모두 체에 붓고 찬물로 헹굽니다. 그대로 밭쳐두고 물기를 뺍니다.

tip 면과 콩나물을 끓는 물에 넣을 때 시차를 둬서 면과 콩나물의 식감을 살려주는 것이 포인트였습니다!

11

삶은 계란은 껍질을 까서 둡니다.

12

면과 콩나물을 먼저 그릇에 옮겨 담아줍니다.

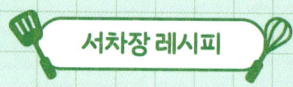
서차장 레시피

13

면 위로 얼음을 적당히 올리고…

14

계란을 반으로 잘라 면 위에 토핑으로 올립니다.

15

무순과 당근도 보기 좋게 면 위로 올려줍니다.

역시 냉짬뽕엔 무순이 빠질 수 없지요.
쌉싸름한 맛이 잘 어울릴 것 같습니다.

서차장 레시피

16

그리고 만들어둔 냉육수를 국자로 떠서 붓고

아무리 봐도 스프를 안 익히고 물에만 섞는 거 신세계예요.

17

마지막으로 진짬뽕 유성스프를 각 접시에 담긴 내용물 위로 반반씩 뿌려 줍니다.

18

단촐한 냉짬뽕 라면 한상입니다. 한여름엔 화려하고 푸짐한 밥상보다는 시원한 밥상이 최고입니다.

냉짬뽕 라면

맛있게 먹기

연하게 느껴지는 진짬뽕 특유의 짬뽕 맛과 불 향, 추가한 소스의 새콤달콤한 맛과 가쓰오부시의 감칠맛이 조화를 이루는 아주 맛있는 냉육수입니다. 먹기 전에 내용물들을 한번 잘 섞어서 냉육수 국물이 묻어나도록 해줍니다. 냉라면과 비슷하면서도 다른, 마지막 한 조각까지 놓치지 않고 먹고 싶었던 냉짬뽕입니다.

이상 강력하게 추천하는 특식 여름 라면, 냉짬뽕 라면이었습니다.

- 집밥갈망러1 크~ 지금처럼 엄청 더운 여름에 먹기 딱 좋아보여요~!! 시원하고 넘 맛있을 것 같습니다.

- 집밥갈망러2 콩나물과 채소가 더 많으면 다이어트 식단이 되겠군요!

가을 꽃게 집게다리로 만든 밥도둑 양념 꽃게살

꽃게는 5월과 9월 두 번 철이 있습니다. 5월에는 알이 꽉 차오르는 암꽃게철, 9월에는 살이 꽉 차오르는 수꽃게철입니다. 집에서 꽃게찜, 꽃게탕을 종종 해먹는데, 꽃게 집게다리는 버리거나 얼려서 찌개 육수용으로만 썼습니다. 그런데 꽃게 집게다리살로 기가 막힌 음식을 만들 수 있었으니, 바로 밥도둑 "양념 꽃게살"입니다.

재료 (2-3인분)

○ 꽃게 3kg 중 다리(집게다리 위주)
○ 쪽파 2~3줄기

조미료

○ 고춧가루
○ 베트남 고춧가루
○ 설탕
○ 마늘가루
○ 생강가루
○ 백간장 또는 국간장
○ 맛술 또는 미림
○ 참기름

서차장 레시피

1

가을 꽃게를 맛보기 위해 얼음과 함께 오는 빙장꽃게 3kg를 주문했습니다. 수꽃게 1kg당 3~5마리짜리였는데 16마리가 왔습니다.

2

싱크대에서 솔로 꽃게들을 깨끗하게 세척합니다. 세척 전 배 아래 부위를 눌러서 똥부터 빼줍니다.

tip 꽃게에 그물이나 낚싯줄이 있을 수 있으니 잘 살펴보고 제거해주세요.

3

꽃게의 집게다리들을 몸통 마디 위쪽으로 모두 잘라줍니다.

tip 자른 다리는 스테인리스 볼에 따로 담아 둡니다.

서차장 레시피

4

집게다리를 자른 꽃게를 모두 찜기에 넣고 찌기 시작합니다. 양에 따라 다르지만 이 정도 분량은 15분 정도면 됩니다.

5

이제 집게다리로 요리를 할 차례입니다. 꽃게다리를 절구봉이나 국수 밀대, 소주병으로 누르면서 밀어 살을 뺍니다.

6

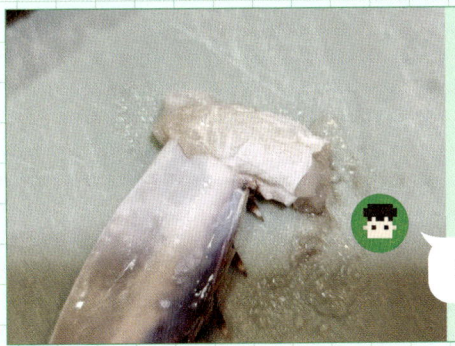

이렇게 꽃게 다리살이 쏙 빠져나온 걸 볼 수 있습니다.

꽃게 다리살 바르는 뉴 테크닉이네요.

서차장 레시피

7

집게 쪽 마디도 잘라서 다시 밀대로 꾹 밀어주면 다리살이 쏙~

> 집게다리 이 부분은 늘 그냥 버렸는데 팁 감사합니다!!

8

30개 정도 되는 집게다리의 살을 발라주니 예상보다 훨씬 많은 다리살이 모였습니다. 모인 다리살만 봐도 매우 신남 주의!!

9

다리살을 물에 살짝 헹궈 체에 밭쳐 물기를 뺀 뒤 그릇에 옮겨 담습니다.

서차장 레시피

10

그리고 꽃게살 무침용 양념장을 만듭니다. 먼저 고춧가루 세 큰술과 설탕 한 큰술

11

마늘가루 1/4 큰술과 생강가루 1/4 큰술

12

백간장이나 국간장 두 큰술과 맛술이나 미림 두 큰술

tip 빨간 색감을 내기 위해 백간장(국간장)을, 잡냄새 잡고 양념 농도를 맞추기 위해서 맛술(미림)을 씁니다.

서차장 레시피

13

포인트가 될 매운맛을 위해 베트남 고춧가루를 일단 반 큰술 넣습니다. 맛을 보고 취향에 맞게 양을 조절하면 됩니다. 모든 양념들을 골고루 섞어주면 꽃게살 양념장 완성입니다.

14

쪽파 세 줄을 손질하고 잘게 썰어 꽃게살 위로 올려줍니다.

15

꽃게살 위로 참기름을 두 큰술 정도 두르고, 꽃게살 양념장을 일단 2/3 만큼만 한쪽에 놓아줍니다.

tip 양념을 한 번에 다 넣어 맵고 짠 것보다 일부만 넣고 맛을 보며 양념이 부족하다 싶으면 남은 양념장을 더 넣는 것이 좋습니다.

서차장 레시피

16

이렇게 양념 꽃게살 완성!! 이게 집에서 만들 수 있는 요리입니다.

tip 먹기 전에 냉동실에 10분 정도 두었다가 먹으면 꽃게살이 더 탱글탱글해집니다.

17

양념 꽃게살을 만드는 동안 꽃게찜이 다 쪄집니다. 가스불을 끄고 5분 정도 뜸을 들입니다.

18

꽃게찜 한상도 완성입니다.

맛있게 먹기

꽃게찜은 꽃게찜대로 먹고 양념 꽃게살을 따로 만들어 먹으니 풍성합니다. 꽃게 집게 다리, 이제 절대 그냥 버리지 말아야 합니다. 집밥이 한 단계 업그레이드된 느낌입니다. 데웠다 식힌 밥과 함께 먹으면 더 맛있는 양념 꽃게살입니다.

> 꽃게살부터 찹찹…

> 양념과 함께 꽃게살을 살살 섞고…

> 밥 위로 양념 꽃게살을 부어서…
> 젓가락으로 밥과 양념 꽃게살을 쓱쓱 비비고…

> 듬뿍 퍼서 한 입…
> 아!! 나님에게 내가 놀랄 맛입니다!

이상 가을 수꽃게 집게다리로 만든, 스스로에게 놀랐던 양념 꽃게살이었습니다.

집밥갈망러1 오~ 집게다리~~ 생각도 못했어요. 저도 활꽃게 사면 이렇게 해보겠어요!

집밥갈망러2 미쳤다는 말밖에는 더 쓸 말이 없네요….

영양 가득 굴이 잔뜩 굴 파스타

늦가을부터 굴 시즌이 시작되면 시즌 내내 굴 요리를 만들어 먹는데 '뭔가 특별한 굴요리가 없을까?' 고민하다 생각한 것이 굴 파스타입니다. 알리올리오 만들 듯이 굴을 저온의 올리브오일에서 끓이듯 데쳐주고, 굴 데친 오일로 파스타를 만들고, 데친 굴을 파스타에 토핑으로 올려주면 굴의 풍미가 폭발하지 않을까? 그렇게 생각했던 것이지요. 상상만 해도 즐거웠던 굴 덕후의 제철 굴 요리, "굴 파스타"입니다!

재료 (2-3인분)

- 봉지 굴 400g
- 마늘 20쪽
- 페페로치노(없으면 마른고추)
- 양파 1/2개
- 쪽파 4줄기
- 스파게티면

조미료

- 올리브오일
- 굴소스
- 튀긴 샬롯(없으면 양파 플레이크)

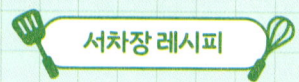

서차장 레시피

1

재료를 모두 꺼내봅니다.

tip 생각보다 굴이 많아야 올리브오일에 굴 향과 맛이 잘 배어듭니다.

2

체에 봉지 굴을 붓고 그 위로 소금을 한 큰술 뿌린 뒤에 물에 담가 체를 흔들어 불순물을 분리합니다. 그리고 흐르는 물에 몇 번 헹군 뒤 체에 밭쳐 물기를 말끔히 뺍니다.

3

마늘 스무 쪽은 꼭지를 잘라내고 잘 씻습니다. 반은 그냥 두고 반은 주방 칼 옆면을 손바닥으로 지긋이 눌러 큼직하게 으깹니다.

서차장 레시피

4

오목한 팬에, 세척 후 물기를 제거한 굴과 통마늘 그리고 페페로치노나 마른고추 몇 개를 담습니다.

tip 재료들이 튀겨지는 게 아니라 삶아지는 느낌으로 조리되어야 하니 팬을 미리 달궈놓지 마세요!

5

그리고 굴이 잠기도록 올리브오일을 붓습니다.

6

가스불을 중약불이나 중약불보다 약한 불로 맞추고 저온으로 올리브오일을 살짝만 끓여줍니다.

·굴파스타·

서차장 레시피

7

한쪽에선 스파게티면 삶을 물을 끓입니다.

8

냄비 안에서 올리브오일이 너무 심하게 끓어오르지 않도록 불 세기를 잘 조절해야 합니다. 서서히 끓여지고 있는 냄비 안에 소금을 한 티스푼 정도 넣고 간을 해줍니다.

9

10분 정도 올리브오일에 끓여준 굴과 재료들입니다. 굴과 다른 재료에서 나온 부스러기나 수분이 오일과 섞인 상태로 끓고 있습니다.

서차장 레시피

10

막간을 이용하여 쪽파 네 줄기를 잘게 자르고, (사진에는 없지만) 양파 반 개는 채를 썰어줍니다.

11

물이 끓기 시작하면 면기에 소금 한 티스푼을 넣고 스파게티면을 먹을 만큼 넣어줍니다.

tip 면을 500원 동전 크기만큼 쥐면 1인분 양이라고 하는데 다 거짓말입니다. 제 경우는 1000원 어치는 넣어줘야 1인분입니다.

12

15분 정도 저온 올리브오일에서 삶은 굴을 체로 건져 아래에 키친타월이나 종이호일을 깔아 기름기를 뺍니다.

.굴파스타.

서차장 레시피

13

올리브오일에서 함께 삶던 마늘과 페페로치노는 체로 건져내 버립니다.

이 마늘도 맛있을 것 같은데….

14

가스불을 끄고, 굴과 마늘과 페페로치노의 맛과 향이 듬뿍 배어 있는 올리브오일은 잠시 그대로 둡니다.

15

한쪽에선 으깨둔 마늘과 채 썬 양파 반 개를 웍에 부어줍니다.

> 서차장 레시피

16

올리브오일을 잠시 두었더니 침전물이 가라앉았습니다. 위쪽 오일만 살짝 건지듯이 퍼서 으깬 마늘과 양파가 담긴 웍에 듬뿍 붓습니다.

tip 귀찮으면 그냥 팍팍 떠서 써도 크게 문제는 없습니다.

17

양파와 마늘이 들어 있는 웍에 가스불을 세게 켜고 마늘과 양파를 볶습니다. 이 사진처럼 양파의 숨이 살짝 죽을 때까지 볶으면 됩니다.

18

면이 다 삶아지면 건져서 마늘과 양파를 볶고 있는 웍에 옮겨 담습니다. 그리고 면 삶은 물을 두 국자 정도 붓고 웍 안의 재료들과 마구 섞습니다.

· 굴파스타 ·

서차장 레시피

19

굴의 풍미를 더해줄 비밀병기! 굴소스를 두 큰술 넣습니다. 1인분에 한 큰술입니다.

굴파스타에 굴소스라…
굴맛 작렬이겠습니다!!!

20

웍 안의 물기가 거의 안 보일 때까지 주걱으로 휘저어가며 섞은 뒤 가스불을 끕니다.

21

내용물을 그릇에 담은 뒤 스파게티 면 위로 썰어둔 쪽파를 고루 뿌려주고

서차장 레시피

22

그릇 한쪽에 공간을 만들어 올리브오일에 삶은 굴을 놓습니다.

23

면 위로 껍질째 튀긴 샬롯을 토핑처럼 뿌려줍니다. 양파나 마늘 플레이크, 튀긴 마늘도 괜찮습니다.

tip 태국에 가면 꼭 샬롯을 사오는데, 냉동실에 두면 1년이 지나도 이상 없습니다.

24

마지막으로 접시당 페페로치노 두 개씩 식가위로 잘게 자르거나 도마에서 부스러뜨려 면 위에 뿌려주면 완성입니다.

· 굴파스타 ·

맛있게 먹기

퇴근하고 평일 저녁에 해먹은, 올리브오일로 삶아낸 굴 토핑이 잔뜩 들어가 굴의 풍미가 그득하게 느껴지는 파스타였습니다. 피클이 마침 떨어져서 오이지 무침을 곁들였는데 이 역시 탁월한 선택이었습니다.

올리브오일로 삶아낸 굴 토핑 잔뜩

면을 뒤덮은 쪽파와 튀긴 샬롯, 페페로치노 토핑

굴파스타와 오이지 무침의 조합은 마치 전생 부부 같았습니다.

이상 풍미 작렬 굴 파스타였습니다.

집밥갈망러1 오백 원 1인분 거짓말ㅋㅋㅋ 동감입니다.

집밥갈망러2 어머나~ 굴로 파스타 할 생각을 못해봤네요!! 너무 맛있어 보여요.ㅠㅠㅠ

집밥갈망러3 다른 토핑들이 마치 태국요리처럼 보이게 해주네요. 샬롯 사러 태국 가고 싶어요 ✈

미역국으로 쉽게 만드는 굴국밥

굴국밥 하면 생각나는 것은 '사먹는 음식'이라는 것입니다. 그런데 정말 쉽게 집에서 만들어 먹을 수 있다면 어떨까요! 굴을 좋아하는 사람으로서 굴 철에 가장 자주 해먹는 초간단 굴 요리가 바로 굴국밥입니다. 굴미역국을 먼저 만들고 거기에 밥을 넣고 끓여서 "굴국밥"으로 업그레이드 할 수 있습니다.

재료 (2인분)

○ 생굴 300g
○ 미역 1줌
○ 대파 1줄
○ 마늘 4쪽
○ 계란 2알
○ 햇반 1개

조미료

○ 만능멸치육수
○ 굴소스
○ 참치액
○ 참기름

서차장 레시피

1

재료들을 먼저 꺼내둡니다. 미역국을 먼저 끓일 거라 미역도 있답니다.

2

건미역을 찬물에 넣고 불립니다. 5분도 안 되어 금방 물먹은 미역이 될 겁니다.

tip 건미역을 불리고 나면 생각보다 너무 많아지는 경험을 자주 합니다. 생각한 양의 1/3 정도만 불리는 게 적당한 것 같습니다.

3

생굴은 봉지째로 뜯어서 소금을 뿌리고 찬물에 살살 흔들어 불순물이 떨어지도록 세척하고 다시 물에 헹군 후 체에 밭쳐 물기를 뺍니다.

서차장 레시피

4

불은 미역을 식가위를 이용하여 먹기 좋은 크기로 잘라줍니다. 다른 재료 손질이 끝날 때까지 미역은 계속 불립니다.

tip 굴국밥으로도 만들어 먹을 거라 미역은 잘게 써는 게 좋습니다.

5

대파는 새끼손톱 크기로 잘게 썰고, 마늘은 칼등으로 눌러 으깨둡니다.

6

이제 불은 미역을 건져 체에 밭쳐 미역의 물기를 뺍니다.

· 미역국 굴국밥 ·

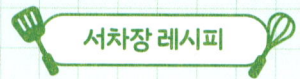

7
불에 달군 웍에 참기름을 여섯 큰술 정도 넣고

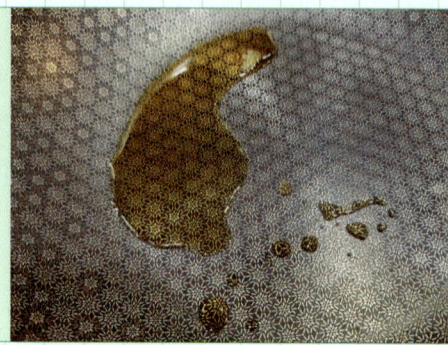

8
이어서 불린 미역을 넣은 뒤, 미역의 색이 살짝 변할 때까지 주걱으로 쉬지 않고 저어 가며 볶습니다.

9
미역 색깔이 좀 변했다 싶을 때 물 1L를 웍에 붓고 바글바글 끓입니다.

서차장 레시피

10

웍에서 미역국이 끓기 시작하면 만능 멸치육수 다섯 큰술을 넣어줍니다. 미역도 바다 재료, 굴도 바다 재료, 조미료 양념도 바다 재료…

tip 미역이 많아 보이면 중간에 물을 넣으면 됩니다. 저도 물 250ml 정도 더 넣었습니다.

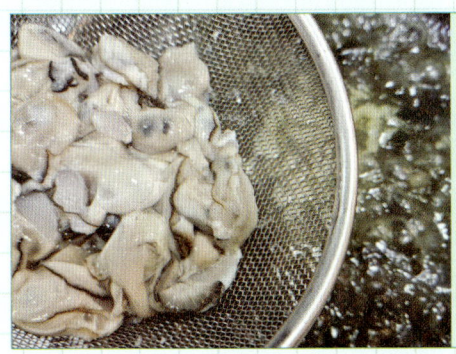

11

세척 후 물기를 제거한 굴을 넣고

12

굴소스를 한 큰술 반 정도 넣어 굴의 풍미를 더하고, 2~3분 동안 푹 끓인 뒤 맛을 보고 간을 맞춥니다. 마지막으로 참치액 두 큰술 정도를 더해 맛을 정리해줍니다.

서차장 레시피

13

그리고 한소끔만 더 끓여주면 굴미역국은 완성입니다.

14

전자레인지에 햇반 한 개를 3분 돌려 밥을 데우고 뚝배기에 먹을 만큼 밥을 담습니다.

> 햇반으로 굴국밥이라니 생각도 못한 발상입니다!

15

밥 위로 방금 끓인 굴미역국을 국자로 퍼서 붓습니다.

서차장 레시피

16

그 위로 다진 마늘과 대파를 넣고, 뚝배기 한쪽에 계란도 한 알 깨서 넣어 줍니다.

17

그리고 이 뚝배기를 가스레인지 위에 올려 한 번 끓입니다.

tip 끓이면서 주걱 같은 것으로 바닥에 깔린 밥과 굴미역국을 살짝씩 섞어주면 좋습니다.

18

보글보글 끓을 때까지만 가열하면 굴국밥도 완성입니다. 굴국밥만 있으면 다른 반찬은 거의 필요 없는 뚝배기 굴국밥 한상입니다.

· 미역국 굴국밥 ·

맛있게 먹기

굴은 뚝배기 바닥에 깔릴 때가 많으니, 아래쪽에 있는 밥과 굴 등 뚝배기에 담긴 내용물을 잘 섞어 먹으면 더 맛있습니다. 계란 모양이 망가지는 게 싫어 살살 섞어주니 계란 노른자 모양이 예술입니다. 해장도 되고 속도 따뜻해지고 든든한 굴국밥입니다.

> 큼직한 굴과 밥을 함께 듬뿍 떠서 후후 불어가며 한 입…

> 열무김치까지 올려주면 끝도 없이 들어갑니다.

> 마지막까지 아껴둔 계란 노른자와 굴국밥을 함께 퍼서 한 입…

이상 미역국으로 세상 쉽게 만드는 굴국밥이었습니다.

- **집밥갈망러1** 굴미역국 응용, 정말 간단해 보이는 걸요. 저장!

- **집밥갈망러2** 저는 서차장님의 집밥도 좋아하지만 아주 깔끔한 가스레인지도 무척 좋아합니다.ㅎ

일본 미나리 닭고기 샤브샤브·중국식 유포면·헝가리 굴라쉬·동남아 팟팍붕 파이뎅·대만 아종면선 곱창국수·팟카파오무쌉 랏카우·후쿠오카식 곱창전골·대전식 두부 두루치기·목포식 양념게살 비빔밥·오지치즈불고기 핫도그

여행 집밥 이야기 3

일본 센다이 지역의 미나리 닭고기 샤브샤브

일본 동북부 센다이 지역에서 미나리 철에 미나리와 닭고기가 들어가는 샤브샤브 전골 '세리나베'를 즐겨 먹습니다. 보통 샤브샤브엔 배추나 청경채 버섯 같은 채소들과 소고기를 쓰는데, 미나리와 닭고기라는 색다른 조합으로 만든 미나리 닭고기 샤브샤브는 개성 넘치고 새로운데 맛있는 그런 맛이었습니다.

재료 (2인분)

○ 한재미나리 2단(400g)
○ 닭다리살 정육 700g
○ 가쓰오부시 육수팩 200g
○ 표고버섯 4개
○ 우동사리

조미료

○ 간장
○ 식초
○ 알룰로스(없으면 물엿)
○ 레몬즙(레몬 주스)

서차장 레시피

1

미나리 닭고기 샤브샤브를 만들기 위해 미나리 중에서도 향이 강하고 부드러운 한재미나리를 선택했습니다.

2

시판 가쓰오부시 육수와 물을 1:10 비율로 섞어 육수를 만듭니다.

tip 저는 200g짜리 육수팩이어서 냄비에 물 2L를 붓고 육수 한 팩을 모두 부었습니다. 상황에 따라 가감하세요.

3

이렇게 육수 먼저 인덕션이나 가스버너 위에 올려 식탁에 준비해둡니다.

서차장 레시피

4

그다음엔 초간장 양념장을 만듭니다. 늘 그렇듯 2인분 기준입니다. 간장 열 큰술과 식초 열 큰술…

5

알룰로스나 물엿 다섯 큰술, 그리고 레몬즙 다섯 큰술을 넣으면 양념장 완성입니다.

tip 간장:식초:알룰로스(물엿):레몬즙이 2:2:1:1 비율입니다.

6

닭다리살 정육은 키친타월로 겉면을 한 번 닦고, 열이 가해지면 부피가 줄기 때문에 한입 크기보다 약간 크게 잘라줍니다.

서차장 레시피

7

미나리는 잘 씻어서 물기를 털고 검지손가락 길이 정도로 잘라 쟁반에 담고, 표고버섯은 꼭지만 잘라 작은 쟁반에 담아 식탁에 올립니다.

8

샤브샤브의 대미를 장식할 우동사리도 그릇에 담아 식탁에 올립니다.

9

순식간에 준비된 미나리 닭고기 샤브샤브 한상입니다.

별로 한 일은 없는 것 같은데 상은 거창합니다!

샤브샤브는 먹는 시간이 긴 만큼 먹는 과정을 상세하게 그려봅니다. 샤브샤브를 맛있게 먹으려면 재료를 넣는 순서와 양념장도 중요하죠! 그래서 저는 초간장 외에도 유즈코쇼(유자고추 양념장)과 초고추장도 같이 준비했습니다. 유즈코쇼는 일본 후쿠오카현 지방의 양념인데 요즘에는 한국에서도 쉽게 구매할 수 있습니다.

냄비 바닥에서 기포가 보글보글 올라오기 시작하면 먼저 표고버섯을 넣습니다. 처음에 넣고 가장 마지막에 먹는 표고버섯입니다.

잘 썰어둔 닭다리 정육도 끓는 육수에 넣어 익힙니다.

미나리의 뿌리와 줄기 부분을 적당량 넣고 20초 정도 담갔다 건져 먹으면 딱 좋습니다.

맛있게 먹기

살짝 데친 미나리를
초간장에 콕
찍어 먹으니
향긋한 미나리향이
입안에 가득 찹니다.

초간장 vs 초고추장
초간장의 압승입니다.

미나리의 잎 부분은
10초 정도 데친 후
초간장에 콕 찍어서
한 입… 유후~

이제 잘 익은 닭고기 차례!

담백한 닭고기살과
초간장의 조합도

미나리와 닭고기살과
초간장의 조합도

아주 만족스러운 맛이었습니다.

맛있게 먹기

육수와 미나리만 앞접시에 따로 담아 유즈코쇼 양념장을 살짝 올리고 풀어주면 또 다른 멋진 맛의 국물이 됩니다.

닭고기에도 유즈코쇼를 조금 올리고 한 입… 으아~

닭고기는 조금씩 익혀 먹다가 반쯤 남으면 냄비에 다 넣고 한꺼번에 끓입니다.

닭고기가 익을 때까지 끓이다가 남은 미나리도 모두 냄비에 넣습니다.

이어서 우동사리까지 냄비에 넣고 끓입니다.

맛있게 먹기

소고기나 돼지고기 샤브샤브보다 맑은, 가쓰오부시 육수에 닭육수와 채즙들이 더해진 이 국물, 진짜 마성의 국물입니다.

앞접시에 우동과 닭고기 그리고 미나리를 담아…

하나의 요리에서 얼마나 많은 변화가 있는지 감탄하면서 먹게 됩니다.

그리고 대망의 표고버섯!

초간장 양념장에 찍어 씹으면 입안이 표고향으로 가득 찹니다. 간단하게 준비해서 땀 뻘뻘 흘려가며 먹는 풍성한 식사의 마무리로 좋습니다.

이상 초간장 양념장이 빛내준 미나리 닭고기 샤브샤브였습니다.

- 집밥갈망러1 오늘도 감탄 중입니다!!!!! 언제나 새로운 아이디어로 가득하시네요.^^
- 집밥갈망러2 샤브샤브는 집에서 해먹는 게 돈이 더 들어 그냥 계백집으로 갔는데…😂

끓는 기름을 부어 만드는 중국식 유포면

유포면 油泼面은 끓는 기름을 양념 위로 부어 먹는 중국 산시성 국수요리입니다. 식용유를 사용하는 경우가 많은데 이번엔 참기름을 이용하여 유포면 방식으로 국수를 만들어봤습니다. 요즘엔 온라인 마트에서 기존에 볼 수 없었던 세계 각국의 다양한 면을 냉동 생면으로도 쉽게 구할 수 있습니다. 냉동실에 있던 도삭면으로 유포면을 만들었습니다. 도삭면은 커다란 밀가루 반죽을 전용 칼로 썬 면인데, 통반죽을 썰기 때문에 보통의 국수보다 오동통하고 길이가 짧습니다. 시판 도삭면은 기계로 썰어내는 면이라 진짜 도삭면에 비해 면이 긴 편입니다.

재료 (2인분)

- 도삭면 450g
- 볶은 참깨 6큰술
- 쪽파 9줄기
- 마늘 15쪽

조미료

- 참기름
- 굴소스
- 해선장
- 굵은 고춧가루
- 소금
- 후춧가루

서차장 레시피

1

생각보다 재료는 단출합니다.

> 도삭면이라는 거 처음 알았는데, 마켓**에도 있네요. 주문!

2

생면을 냉동한 시판 도삭면입니다. 150g짜리 사리가 세 개 들어 있습니다. 미리 꺼내 자연해동을 해두세요.

3

도삭면을 해동하는 동안 쪽파를 잘게 썰고, 면 삶을 물을 끓입니다.

여행 집밥 이야기

서차장 레시피

4

일단 볶은 참깨 여섯 큰술은 절구에 넣어 갈아둡니다. 나중에 고명으로 쓸 용도입니다.

tip 손바닥으로 비벼서 갈아도 됩니다. 믹서기로 너무 곱게 갈 필요는 없습니다.

5

통마늘은 으깨 작은 냄비에 담고

6

참기름 열다섯 큰술을 넣습니다. 다른 준비가 다 끝나면 이대로 끓여서 국수 위로 부어줄 예정입니다.

> 이것은 마늘향 참기름이 되는 건가요! 저는 고추기름도 추가해보겠어요!

·중국식 유포면·

서차장 레시피

7

물이 끓으면 도삭면을 넣어 삶습니다. 설명서에는 3분 삶으라고 되어 있지만 푹 익힐 생각에 4분 삶았습니다.

tip 삶는 동안 집게나 젓가락 등으로 뭉쳐 있는 면을 잘 풀어줍니다.

8

끓는 물에 4분 동안 삶은 도삭면을 건져서 찬물에 헹구고 체에 밭쳐 물기를 뺍니다.

9

물기를 제거한 삶은 도삭면을 그릇에 담고

서차장 레시피

10

1인분 기준으로 굴소스 한 큰술, 해선장 두 큰술 반을 도삭면 위로 뿌려줍니다.

11

굴소스와 해선장을 면 위에 뿌리면 이런 모양새가 됩니다.

12

그리고 절구에 갈아둔 참깨를 도삭면 위로 한쪽에 올려줍니다.

서차장 레시피

13

도삭면 위 빈 자리에 송송 썬 쪽파도 올리고

14

마지막으로 씨까지 있는 굵은 고춧가루를 올려줍니다. 반 큰술에서 한 큰술 정도 취향에 따라 조절하세요.

tip 한 큰술 정도 올리면 먹는 동안 매운맛이 꽤나 느껴지는 편입니다.

15

도삭면 위로 토핑들을 다 올린 모습입니다.

서차장 레시피

16

으깬 마늘과 참기름을 가스레인지 위에서 중불로 끓이면서 소금과 후춧가루를 각각 반 티스푼 정도 넣습니다. 저는 페퍼솔트를 썼습니다.

17

참기름이 끓어 마늘향이 올라오기 시작하면 냄비의 참기름을 숟가락으로 떠서 참깨, 쪽파, 고춧가루 위로 골고루 뿌립니다.

tip 참기름을 너무 많이 뿌리지 않는 게 포인트입니다. 1인분에 최대 다섯 큰술입니다.

18

설명은 길지만 실제 조리 시간은 15분 정도밖에 안 걸리는 초간단 요리입니다. 반찬은 오이지 하나면 충분합니다.

·중국식유포면·

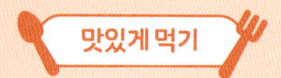
맛있게 먹기

먹기 전에 면과 굴소스와 해선장과 토핑들을 잘 섞어줍니다. 참기름향이 많이 날 것 같았는데 예상과 달리 이국적이면서 식욕을 자극하는 향이 올라옵니다. 참기름과 간 참깨의 고소함, 대파와 마늘의 향긋함, 굵은 고춧가루가 주는 매콤함에 굴소스와 해선장이 주는 오묘한 짭쪼롬함!! 엄청나게 매력적이고 또 매력적인 유포면입니다.

> 후루루루룩… 진짜 혼자만 알고 먹기 아까운 맛입니다.

> 정신없이 허겁지겁 먹다가 뒤늦게 오이지와 함께 흡입…

> 숟가락도 써가며 야무지게 마지막 유포면까지 박박 긁어 먹습니다.

이상 도삭면을 이용한 끓인 참기름을 붓는 유포면이었습니다.

집밥갈망러1 이거 이거 이거~~~~ 너무 궁금한 맛이에요!!!!

집밥갈망러2 레시피 저장해두었다가 드디어 오늘 해먹었습니다~^^ 고추만 빼니 아이들도 잘 먹고 식구들이 모두 엄지 척 👍

헝가리식 토마토 비프스튜, 굴라쉬

굴라쉬는 파프리카, 양파, 당근 같은 야채와 소고기로 만드는 헝가리식 스튜 또는 수프입니다. 소고기 선물이 들어와서 헝가리식 토마토 비프스튜를 만들어봤습니다. 소고기와 채소, 토마토를 넣고 푹 고아내기만 하면 만들 수 있습니다. 파스타도 같이 먹으면 더 좋지요. 저는 사태살로 했지만, 다른 부위로 해도 괜찮습니다.

재료 (2-3인분)

○ 소고기 사태살 300g
○ 홀 토마토 800g
○ 양파 1/2개
○ 파프리카 노랑, 빨강 1/2개
○ 청피망 1/2개(없으면 오이고추 3개)
○ 표고버섯 2개
○ 당근 1/3개
○ 마늘 4쪽
○ 스파게티면
○ 치아바타 또는 바게트

조미료

○ 버터
○ 후춧가루
○ 치킨스톡
○ 슈레드치즈
○ 파프리카 가루
○ 파슬리 가루
○ 케첩
○ 말린 토마토 페스토

서차장 레시피

1

재료를 모두 꺼내봅니다. 나중에 국물에 찍어먹을 치아바타는 식탁에 따로 둡니다.

> 저 집에서 굴라쉬 만든다고 온갖 재료 샀다가 재료비로 5만 원 넘게 썼다는… ㅎㅎ

2

소고기 사태 300g의 핏물을 키친타월로 닦고 큼직하게 썰어줍니다.

3

오이고추와 파프리카, 양파, 당근, 표고버섯은 모두 큼직하게 썰고 통마늘 네 쪽은 살짝 으깨둡니다.

서차장 레시피

4

중불로 달군 팬에 버터를 녹이고, 버터가 녹으면 으깬 마늘을 타지 않게 볶아줍니다.

5

썰어둔 채소들을 팬에 붓고 버터가 채소에 잘 코팅되도록 볶아줍니다.

tip 채소가 익을 필요는 없습니다. 어느 정도 열이 골고루 가해질 때까지 주걱으로 저어주면 됩니다.

6

이어서 썰어둔 사태살을 넣고 사태살 위로 소금과 후춧가루를 후두두둑 뿌리고

. 헝가리 굴라쉬 .

서차장 레시피

7

사태살을 겉면이 익을 때까지 볶아줍니다.

8

사태살 겉면이 익은 것 같으면 팬에 홀 토마토 통조림을 한 통 다 붓습니다. 당연히 으깬토마토 통조림도 괜찮습니다.

9

내용물들을 잘 섞고 계속 중불에서 끓입니다.

tip 끓이다 보면 홀 토마토와 채소에서 수분이 나오기 때문에 물은 넣지 않아도 됩니다.

서차장 레시피

10 맛을 잡아줄 치킨스톡 한 개를 넣고

11 말린 토마토 페스토 두 큰술, 케첩 네 큰술을 넣고 잘 섞습니다.

tip 토마토 페스토나 케첩은 토마토의 감칠맛을 극대화하기 위해 넣는 것인데, 없으면 안 넣어도 무방합니다. 생과를 넣어도 괜찮고요.

12 가스불을 약불로 줄이고 뚜껑을 덮어 졸입니다. 저는 구멍이 뚫린 뚜껑을 썼지만 일반 뚜껑이어도 아무 상관 없습니다.

서차장 레시피

13

한쪽에선 물을 끓이고 끓는 물에 소금 한 티스푼과 올리브유 한 큰술을 넣고 스파게티면을 삶습니다.

tip 이 정도 양이면 8분 30초에서 9분 정도 삶으면 됩니다.

14

면만 볼에 담아 올리브유를 살짝 뿌려서 무쳐둡니다.

15

약불에 졸여서 만든 굴라쉬 완성입니다. 당근이 다 익었으면 조리가 완료된 것입니다.

서차장 레시피

16

스파게티면을 그릇에 먼저 옮겨 담고, 그릇 한쪽에 굴라쉬를 담습니다.

17

마무리로 슈레드치즈, 파프리카 가루, 파슬리 가루를 골고루 뿌려주면 완성입니다.

tip 파마산치즈가루를 뿌려도 되고, 파프리카 가루나 파슬리 가루는 없으면 없는 대로 괜찮습니다.

18

굴라쉬와 함께 푸짐한 한상입니다.

 맛있게 먹기

약불에 푸욱 줄여진 굴라쉬, 토마토 비프스튜 스파게티입니다. 소고기를 뭉텅쿵텅 큼직하게 많이 넣어 더 맛있는, 예상보다 몇 배나 더 잘 만들졌습니다. 빵을 준비해 굴라쉬를 올려 먹으니 그 조합도 마음에 듭니다.

약불에 푹 졸인 굴라쉬를 스파게티면과 잘 섞고

스파게티를 돌돌돌 말아서 한 입…

치아바타는 그저 거들 뿐…

빵에 고기와 야채를 올리고 한 입. 아아아아아…

이상 고기 듬뿍 토마토향 가득 치아바타가 잘 어울리는 굴라쉬였습니다.

 집밥갈망러1 많이 먹어봐서 아는데 서차장님 굴라쉬가 본토 것보다 훨 맛있을 겁니다!

 집밥갈망러2 헝가리에서 굴라쉬 먹고 '엥?' 했는데 중독되는 맛입니다! 바게트도 잘 어울릴 듯요.

동남아 최고의 밥반찬 모닝글로리 볶음, 팟팍붕파이뎅 with 계란볶음밥

15년 이상 해마다 태국 여행을 가는데, 제일 많이 먹어본 현지 요리를 꼽자면 단연 모닝글로리 볶음입니다. 태국뿐만 아니라 동남아 어디를 가도 쉽게 만날 수 있는 대표적인 동남아 요리 중 하나, 가장 유명한 밥 반찬이죠. 국내 마트에서도 흔히 볼 수 있는 '공심채'가 모닝글로리랍니다. 그런데 왜 마트에서 자주 보면서도 모닝글로리 볶음을 해먹을 생각을 못했을까요? 그래서 시작된 태국요리 팟팍붕파이뎅 만들기!!

재료 (2인분)

- 모닝글로리(공심채) 400g
- 청양고추 4개
- 홍고추 2개
- 마늘 10쪽
- 튀긴 마늘 플레이크
- 햇반 2개
- 계란 6알

조미료

- 굴소스
- 설탕
- 피시소스(없으면 멸치액젓이나 까나리액젓)

서차장 레시피

1

재료를 모두 꺼냅니다. 모닝글로리 200g 두 팩을 보니 '너무 많이 산 것 아닌가?' 걱정이 됩니다.

2

재료를 손질하는 동안 햇반은 개봉해 둡니다.

tip 수분이 날아가 조금이라도 더 고슬고슬한 볶음밥용 밥이 되라고 열어두는 것입니다.

3

모닝글로리 한 단을 잘 씻어 물기를 텁니다. 뿌리 쪽은 잘라서 버리고 검지 손가락 길이로 썹니다.

서차장 레시피

4

모닝글로리 두 단을 스테인리스 볼에 담습니다. 꽉 차는 것을 보니 '너무 많은 것 아닌가?' 또 걱정이 됩니다.

5

매운 맛을 내는 청양고추는 잘게, 색을 내는 홍고추는 길게 썰어줍니다.

tip 저는 많이 매운 청양고추가 아니어서 홍고추와 비슷한 크기로 썰었지만 잘게 써는 게 좋습니다.

6

마늘은 칼 옆면으로 으깨둡니다.

서차장 레시피

7

이제 양념을 준비합니다. 굴소스 두 큰술과 피시소스 네 큰술…

tip 피시소스는 대형 마트나 온라인 마켓에서 쉽게 구할 수 있습니다. 멸치액젓이나 까나리 액젓으로 대체해도 됩니다.

8

설탕 두 큰술과 물 두 큰술을 잘 섞어주면 양념 준비 끝입니다.

모닝글로리 볶음은 최고의 밥반찬입니다. 그런데 맨밥보다는 계란볶음밥과 먹으면 더 맛납니다. 원래 이쯤에서 계란볶음밥을 먼저 만들어두는데요. 조리 과정이 헷갈릴 수 있으니, 모닝글로리 볶음을 완성한 뒤에 '초간단 계란볶음밥' 레시피를 적겠습니다.

서차장 레시피

9

이제 모닝글로리 볶음을 할 차례입니다. 팬을 가스레인지 위에 올리고 센 불에 달군 뒤 기름을 넉넉하게 두릅니다.

10

달궈진 팬에 손질해둔 모닝글로리를 붓습니다. '이거 많은 것 아닌가?' 마지막까지 고민됩니다.

11

응? 뭔가 이상합니다. 그렇습니다. 마늘을 먼저 넣어 살짝 볶아 향을 낸 다음에 모닝글로리를 볶아야 했던 것입니다. 이미 늦었으니 마늘을 넣고 공심채와 같이 볶습니다.

12

1분 만에 모닝글로리 숨이 죽습니다. '역시 적당한 양이었다.' 이제 안심입니다.

ㅋㅋㅋ ㅋㅋㅋㅋ ㅋㅋㅋㅋㅋ

13

숨 죽은 모닝글로리 위로 준비해둔 양념장을 붓고 홍고추와 청양고추도 넣습니다.

14

다시 잘 섞어가며 볶아줍니다.

서차장 레시피

15 접시에 모닝글로리 볶음을 담고

16 그 위로 껍질까지 튀긴 태국 마늘 플레이크를 뿌리면 완성입니다.

tip 동남아에서는 이렇게 껍질째 튀긴 마늘 플레이크를 요리에 많이 뿌려 먹습니다. 물론 그냥 마늘 플레이크로 대신해도 됩니다.

17 앞에서 말했던 초간단 계란볶음밥 레시피입니다. 먼저 계란 여섯 알을 깨 잘 섞습니다.

서차장 레시피

18

달군 팬에 식용유를 아낌 없이 넉넉하게 두른 뒤 계란물을 붓고 주걱을 한 방향으로 돌려 가며 스크램블 식으로 익힙니다.

19

적당하게 익으면 주걱으로 눌러 계란을 잘게 부숩니다.

tip 계란이 다 익지 않아도 괜찮습니다. 밥을 넣고 또 볶을 테니까요.

20

팬에 뚜껑을 열어둔 햇반 두 개를 넣고 계란과 잘 섞으며 볶습니다.

서차장 레시피

21
굴소스 한 큰술 반을 넣어 한번 섞고, 마늘 플레이크를 뿌립니다.

22
팬에 볶음밥을 펴서 눌렸다가 섞기를 몇 번 반복한 뒤 접시에 담습니다.

tip 볶음밥은 강력한 화력으로 웍에서 돌려가며 볶아야 제맛인데 집에서는 화력이 아쉽습니다. 밥을 눌렸다 섞고 눌렸다 섞고… 반복하면 그나마 좀 맛있는 볶음밥이 됩니다.

23
모닝글로리 볶음과 계란볶음밥이 어우러진 한상입니다.

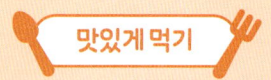

최대한 태국식에 가깝게 만든, 홍고추가 있어 시각적으로 더 맛있어 보이는 팟팍붕파이뎅, 모닝글로리 볶음입니다. 방콕 현지에서 먹었던 그 맛, 그 느낌입니다. 계란볶음밥을 준비해 같이 즐겨주세요.

이상 진짜 현지 맛 났던 태국음식 팟팍붕파이뎅, 모닝글로리 볶음이었습니다.

- 집밥갈망러1 서차장님 요리를 남편이 좋아합니다. 서차장님 레시피로 만들면 쌍따봉을!! 👍👍
- 집밥갈망러2 타이식당 가면 꼭 주문하는 메뉴인데 의외로 간단하네요. 도전!
- 집밥갈망러3 서차장님 요리글을 보면 늘 따라서 해보고 싶어지는데 이건 특히 더!

대만 시먼딩 노포 아종면선의 곱창국수

아종면선阿宗麵線은 대만 시먼딩에서 1975년에 문을 연 곱창국수 전문점입니다. 테이블, 의자 하나 없는 곳에서 줄 서서 기다리고 서서 곱창국수를 즐기는 유명 맛집이지요. 2019년 팬데믹이 시작되기 전에 대만을 다녀온 후 꽤 오랜 기간 대만을 가지 못했습니다. 많은 것들이 그립지만, 아종면선의 곱창국수가 특히 생각나 만들어봤습니다.

재료 (2인분)

- 냉동 소곱창 350g
- 팽이버섯 4봉지
- 고수(없으면 대파 잎)
- 사골곰탕팩 500g
- 전분
- 흑식초

조미료

- 생강가루
- 굴소스
- 해선장
- 굵은 고춧가루
- 식용유
- 소금

서차장 레시피

1

새벽 배송으로 쉽게 받은 초벌 조리까지 된 냉동 소곱창과 팽이버섯이 주 재료입니다. 팽이버섯은 1인분에 두 봉지씩 준비하면 넉넉한 2인분이 나옵니다.

2

팽이버섯은 밑동을 자르고 물에 잘 씻어 물기를 빼둡니다.

3

냉동 곱창이 다 해동될 때까지 기다리다가 숨 넘어갈 것 같아서 냉동 상태로 그냥 웍에 넣었습니다.

> 저도 냉동 고기 쓸 때 종종 그럽니다. 그럴 때마다 어젯밤에 냉장실에 넣어둘 걸… 하고 후회하죠.ㅎ

서차장 레시피

4

곱창 위로 세척해 손질한 팽이버섯을 올리고, 식용유 네 큰술을 넣은 후 가스불을 켜고 볶습니다.

5

팽이버섯의 숨이 죽으면서 수분이 나옵니다. 웍의 열기와 팽이버섯의 열기로 냉동 곱창을 녹이면서 같이 조리합니다.

6

웍에 사골곰탕팩 500g을 붓고, 냉동 소곱창에 들어 있는 소스를 웍에 붓습니다.

tip 생 곱창을 사면 당연히 소스가 없을 텐데, 안 넣어도 괜찮습니다.

서차장 레시피

7

잡냄새 제거에 탁월한 생강가루를 한 티스푼 듬뿍 넣고, 굴소스를 넣습니다. 냉동 소곱창 소스를 넣었다면 한 큰술, 안 넣었다면 두 큰술과 소금 약간이 적당합니다.

8

곱창이 녹으면 곱창을 손가락 마디 길이로 자르고, 국물을 더 졸입니다.

tip 팽이버섯 수분이 살짝 점도가 있습니다. 전분물을 부으면 점도 높은 걸쭉한 아종면선 곱창국수처럼 될 것 같습니다. 그러나 없으면 없는 대로!

9

국물을 졸인 곱창국수를 그릇에 담으니 이렇게 딱 두 그릇이 나왔습니다.

서차장 레시피

10

해선장을 곱창국수 위로 한 바퀴 두릅니다.

tip 흑식초를 살짝 뿌리면 더욱 깊은 맛이 납니다.

11

원래는 고수가 들어가지만, 고수가 없어 잘게 썬 대파 잎을 국수 위로 흩뿌립니다.

12

마지막으로 굵은 고춧가루도 약간 뿌리면 아종면선 스타일의 곱창국수 완성입니다!

맛있게 먹기

시판 조리 곱창으로 아주 쉽게 만들 수 있었습니다. 전분물을 조금 넣어서 걸쭉하게 만들어주면 진짜 원조와 비슷할 맛이었습니다. 아종면선 스타일로 젓가락 없이 숟가락으로 퍼먹으면 더 맛이 사는 느낌입니다.

원조보다 곱창이 듬뿍!!

소곱창 야무지게 잘 먹고…

살 안 찔 것 같은 팽이버섯 국수도 후루룩 다 해치웠습니다.

이상 대만의 아종면선의 곱창국수를 흉내낸 곱창국수였습니다.

집밥갈망러1 집에서 곱창국수를요??? 심지어 맛이 비슷하다니… 사진을 보면서도 믿을 수가 없습니다. 세상에… 👍

집밥갈망러2 대만 갔을 때 곱창국수 넘 맛있어서 아종면선에 이틀 연달아 갔었는데… 생각나네요.

태국의 밥도둑 돼지고기 바질 볶음 덮밥, 팟카파오무쌉 랏카우

태국에서 가장 흔하게 먹을 수 있는 식사 메뉴로 팟카파오무쌉이 있습니다. 간 돼지고기 바질 볶음 덮밥인데, 정확한 태국식 명칭은 팟카파오무쌉 랏카우입니다. 간 돼지고기와 바질, 피시소스만으로 뚝딱 만들 수 있는 태국 느낌 물씬 나는 집밥 메뉴입니다. 식욕이 없을 때 종종 해먹는데 늘 만족입니다.

재료 (2-3인분)

- 간 돼지고기 600g
- 샬롯 3개 혹은 양파
- 바질 20g
- 마늘 3쪽
- 말린 태국쥐똥고추(없으면 말린 홍고추)
- 홍고추 1개
- 계란 2알
- 햇반 2개
- 청양고추 3개
- 쪽파 6줄기(선택 사항)

조미료

- 굴소스
- 설탕
- 피시소스(없으면 멸치액젓이나 까나리액젓)

서차장 레시피

1

생바질도 샬롯도 새벽배송으로 살 수 있는 세상이라 눈물 나게 좋습니다. 단체 사진에는 마늘과 계란이 빠져 있네요.

2

우선 샬롯 세 개와 마늘 세 쪽을 다진 돼지고기 크기 정도로 다집니다. 샬롯 대신 양파를 사용해도 됩니다.

tip 샬롯 양은 돼지고기 600g 기준입니다. 돼지고기 200g을 쓴다면 샬롯을 한 개 사용하면 됩니다.

3

청양고추 세 개와 홍고추 한 개도 새끼 손톱 크기로 잘게 썰어둡니다.

여행 집밥 이야기

서차장 레시피

4

바질을 잘 씻어둡니다.

tip 쪽파와 청경채는 없어도 되는 재료지만 집에 있길래 사용했습니다.

5

양념을 준비합니다. 먼저 굴소스 세 큰술, 피시소스 여섯 큰술. 피시소스는 멸치액젓이나 까나리액젓으로 대체 가능합니다.

6

설탕 세 큰술을 넣고, 후추도 그드드득 갈아 넣습니다. 설탕이 잘 녹을 때까지 섞으면 양념장 완료입니다.

팟카파오무쌉 랏카우

서차장 레시피

7

양념장 준비가 끝나면, 팬에 기름을 넉넉하게 두르고

8

준비해둔 샬롯과 마늘을 먼저 볶아줍니다.

> 아무래도 양파보단 샬롯이 태국 맛이 나겠죠? 바질과 샬롯 담으러 갑니다. 아, 쥐똥고추도요. '쥐똥'고추 이름 너무 웃겨요.

9

마늘향이 솔솔솔 올라오면 간 돼지고기를 넣고 같이 볶습니다.

여행 집밥 이야기

서차장 레시피

10

돼지고기의 선홍빛이 없어질 때까지 볶다가

11

손질해둔 바질과 고추들을 넣고

> 금손이시네요. 조리 과정인데 바질과 고추 색이 참 고와요.ㅎ

12

준비해둔 양념을 붓습니다.

팟카파오무쌉 랏카우

서차장 레시피

13

그리고 쉐킷쉐킷 볶아줍니다. 양념과 채수와 기름이 섞이고 졸아서 수분기가 많이 가실 때까지 볶습니다.

14

선택 옵션 청경채도 넣고

15

말린 태국쥐똥고추도 식가위로 잘게 잘라서 넣어줍니다. 말린 홍고추를 사용해도 무방합니다.

tip 쥐똥고추는 청양고추보다 맵답니다. 한 개를 다 넣을 필요는 없고 매운 걸 즐기는 정도에 따라 양을 가감하면 됩니다.

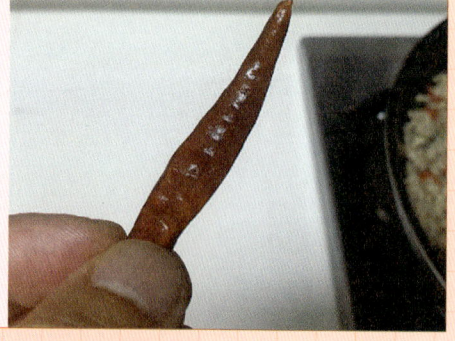

서차장 레시피

16

청경채까지 숨 죽으면 볶기를 마치고 가스불을 꺼둡니다.

17

다른 팬에서 계란 프라이를 만듭니다.

18

접시 한쪽에 밥, 빈 공간에 팟카파오 무쌉, 밥 위에 계란 프라이를 올리고 쪽파로 장식하면 완성입니다.

실파가 찐 태국밥상 화룡정점이네요!

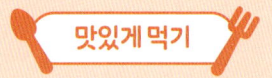

쪽파로 장식한, 짭쪼롬하게 볶아진 간 돼지고기와 바질의 향이 상당히 식욕을 자극하는 팟카파오무쌉입니다. 실제로 태국에서는 식사할 때 이 쪽파 같은 채소를 반찬으로 함께 먹습니다. 태국에서는 아주 맵게 조리해 나오는 식당도 있는데, 그립군요. 이렇게 저는 집밥을 먹으면서 잠시 태국에 다녀왔습니다.

이상 간 돼지고기 바질 볶음 덮밥, 팟카파오무쌉 랏카우였습니다.

- **집밥갈망러1** 오우~ 레시피 늘 감사드립니다. 근데 옆에 길쭉한 쪽파는 그냥 장식인 거죠??? 아님 한 입씩 반찬으로 깨물어 먹나요? ㅋㅋ
- **집밥갈망러2** 오와~ 제 최애 태국 음식인데 이렇게 만들어봐야겠어용!!

일본 후쿠오카식 곱창전골, 모츠나베

모츠나베もつ鍋는 후쿠오카 3대 요리 중 하나로 꼽히는 음식입니다. 소곱창이나 대창, 숙주나물, 양배추, 부추, 버섯, 우엉 등 기호에 따라 온갖 채소를 넣고 국물이 자작할 때까지 끓이는 일본식 곱창전골입니다. 후쿠오카에 가면 늘 먹는 음식인데 최근 한국에서도 모츠나베를 파는 음식점들이 많아지고 있습니다. 손질된 곱창과 대창, 채소들만 있으면 쉽게 만들 수 있는 음식이라 집들이 요리로 내어도 좋고 집에서 별식으로 만들어 먹기도 좋은 음식입니다.

재료 (3-4인분)

○ 냉동 곱창 300g
○ 냉동 대창 400g
○ 양배추 1/2개
○ 샤브샤브 육수 200g
○ 표고버섯 3개

○ 대파 1줄
○ 양파 1개
○ 목이버섯 1움큼
○ 부추 1움큼
○ 말린 고추

서차장 레시피

1

초벌로 조리하고 냉동 상태로 파는 시판 곱창 300g과 대창 400g을 준비합니다. 채소가 다양할수록 건져 먹는 재미가 있으니 갖가지 채소를 준비합니다.

2

양파, 목이버섯, 표고버섯, 대파를 큼직하게 썰어 전골냄비에 담습니다. 냉동 상태의 곱창과 대창도 함께 담습니다.

3

재료들을 양배추로 덮어줍니다. 양배추 위로 부순 말린 고추와 새끼손가락 길이로 자른 부추를 올립니다.

여행 집밥 이야기

서차장 레시피

4

물 1L와 샤브샤브 육수팩 200g을 냄비에 붓습니다. 육수팩에는 물과 1:10 비율로 사용하라고 되어 있지만, 그것보다 물을 덜 쓸 예정입니다.

tip 후쿠오카식 내장전골 육수는 간을 조금 강하게 해주는 것이 더 맛있습니다.

5

전골냄비 뚜껑을 덮고 끓입니다. 중간중간 뚜껑을 열어보면서 국물이 졸았다면 물을 조금씩 추가로 넣고 계속 끓입니다. 대략 500ml 정도를 더 넣어주면 됩니다.

6

대창이 익을 때까지만 가스레인지 위에서 끓인 뒤 밥상으로 옮겨 더 끓이면서 먹으면 됩니다.

후쿠오카식 곱창전골

맛있게 먹기

가쓰오부시 베이스 샤브샤브 육수의 진한 맛에 양배추의 달콤한 맛과 소내장 기름이 더해져 아주 멋진 모츠나베입니다. 곱창과 대창을 700g이나 넣었더니 원 없이 먹은 느낌입니다. 곱창이나 대창이 자주 먹는 음식은 아니니, 한 번 먹을 때 그냥 맛있게 즐기면 될 것 같습니다.

- 먹기 좋게 자른 기름진 대창을 즐기고
- 소스를 살짝 찍어서 곱창 한 입
- 육수를 듬뿍 머금은 양배추도 즐겨줍니다.
- 국물만 따로 앞접시에 덜어 담고 흡입을…
- 밥 넣고 끓여 실파 겉절이와 함께 먹으니 이 또한 별미!

이상 '아! 여기가 바로 후쿠오카입니다' 일본 후쿠오카식 곱창전골 모츠나베였습니다.

- **집밥갈망러1** 오오… 전 오늘 저녁에 모츠나베 예약했는데 집에서 드시다니 대단합니다!
- **집밥갈망러2** 대애애애박. 이건 집밥의 선을 넘으셨는데요.
- **집밥갈망러3** 후쿠오카 오오야마 모츠나베보다 더 실하고 맛있을 거 같아요.👍

칼국수 사리와 함께 먹는 대전식 두부 두루치기

대전 하면 많은 분들이 성심당 빵집을 대표적으로 떠올리겠지만, 대전은 굉장히 독특한 식문화가 발달된 곳입니다. 대전식 칼국수, 두부 두루치기와 오징어 두루치기, 국밥은 다른 지역과 분명 차별화된 식문화라고 생각합니다. 보석 같은 음식들이 대전에 있습니다. 대전의 한 식당에서 두부 두루치기에 칼국수 사리를 주문해 매운 양념에 비벼 먹은 것은 색다른 경험이었고 맛이었습니다. 두부 조림과는 확연하게 다른 매운 양념의 두부 요리, 대전식 두부 두루치기를 집에서 해보았습니다.

재료 (2-3인분)

- 두부 2모
- 콩나물 300g
- 대파 1줄기
- 애호박 1/2개
- 통마늘 8쪽
- 생칼국수면 1인분

조미료

- 고춧가루
- 간장
- 설탕
- 알룰로스
- 굴소스
- 참치액
- 마늘가루
- 고추장
- 멸치다시마육수

서차장 레시피

1

대전식 두루치기는 두부만 들어가면 두부 두루치기가 되고 오징어도 같이 들어가면 오징어 두루치기가 됩니다.

2

두부는 전으로 부칠 때보다 두 배 두껍게 썰어줍니다. 마늘은 으깨고 애호박과 대파는 먹기 좋은 크기로 썰어둡니다.

3

대전식 두부 두루치기의 특징인 매운맛을 살린 양념장을 만듭니다. 먼저 고춧가루 다섯 큰술, 베트남산 매운 고춧가루 한 큰술을 넣습니다.

서차장 레시피

4
간장 여섯 큰술과 설탕 세 큰술

5
알룰로스 세 큰술과 굴소스 두 큰술을 넣고

6
참치액 한 큰술 반과 마늘가루 약간을 넣은 뒤

서차장 레시피

7

마지막으로 고추장 두 큰술을 넣고 잘 섞어줍니다.

8

냄비에 라면 두 개 끓일 정도의 물을 끓입니다. 물이 끓어오르면 잘 씻어 물기를 뺀 콩나물을 냄비에 넣고 1분 미만으로 데쳐줍니다.

9

체로 콩나물을 건져 스테인리스 볼에 담아둡니다.

tip 콩나물 데친 물을 써야 하니 냄비째로 체에 붓지 말고 꼭 냄비에서 체로 건져내야 합니다.

서차장 레시피

10

콩나물 데친 물은 라면 한 개 끓일 정도 양만 필요합니다. 물을 국자로 퍼내면서 양을 맞춰주세요.

tip 국자로 퍼낸 물을 버리지 않고 그릇에 덜어 국처럼 떠먹으면 두루치기의 맵고 짠 맛을 가시게 해주어서 좋습니다.

11

냄비에 멸치다시마육수를 세 큰술 넣습니다. 육수용 액상 조미료 대신 가루 양념을 사용해도 괜찮습니다.

12

준비해둔 양념장을 콩나물 육수에 넣고 양념장이 잘 풀리도록 숟가락으로 저어줍니다.

서차장 레시피

13

거기에 두툼하게 썬 두부를 조심스레 담습니다.

tip 두부가 으깨져도 먹는 데는 지장 없지만, 으깨지지 않아야 더 먹음직스러워 보입니다!

14

그 위로 애호박과 대파, 으깬 마늘을 올리고 가스불을 중불 이하로 줄여 졸입니다.

15

채소들에서 채수가 나왔을 즈음에 국물 맛을 보며 중간중간 간을 확인합니다. 살짝 싱겁다 싶으면 국간장이나 소금을 더 넣어주면 됩니다.

서차장 레시피

16

다른 냄비에서는 물을 끓여 생칼국수 면을 삶습니다.

tip 면이 다 삶아지면 찬물에 잘 헹궈 물기를 제거하는 것은 기본입니다!

국수와 콩나물이라… 생각해보지 않은 조합이지만 맛있어 보이네요!

17

칼국수면을 삶는 동안 데친 콩나물을 두부가 끓고 있는 냄비에 넣고 양념을 살짝살짝 끼얹어가며 마지막 조리를 합니다.

18

대전식 두부 두루치기로 차린 한상 완성입니다.

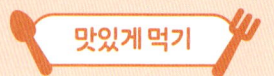
맛있게 먹기

최대한 대전에서 먹어본 맛을 살려서 만든 대전식 두부 두루치기입니다. 달큼한 두부가 매운 양념과 만나니 매우면서도 두부의 단맛이 더 강하게 느껴집니다.

- 큼직한 두부들을 앞접시에 넉넉히 퍼 담고
- 두부부터 한 입 즐기고
- 칼국수면 사리를 부어 양념에 잘 비벼줍니다.
- 양념에 잘 비빈 칼국수면을 집어 후루루루룩…

이상 서울에서 만들어본 대전식 두부 두루치기였습니다.

집밥갈망러1 대전 두부 두루치기가 맛있다고 소문은 익히 들었어요 ㅎㅎ

집밥갈망러2 부들부들한 두부와 아삭한 콩나물, 국수에 플레이팅까지! 완벽합니다.

목포식 양념게살 비빔밥

목포 여행이나 출장 일정이 잡히면 이번엔 뭘 먹고 올까 기대하게 됩니다. 그만큼 특별한 음식의 가짓수도 많고 잘하는 음식점들도 많은 목포입니다. 그중 제가 1순위로 먹는 음식은 꽃게살 비빔밥입니다. 목포역 인근의 장터식당이 관광객들에게 유명한 곳인데, 현지분들은 상동의 미락식당을 더 많이 추천해주셨습니다. 잘 발라진 게살을 특제 양념과 함께 비비고, 흰 쌀밥 위에 여러 채소들과 함께 올려서 먹는 맛은 목포가 아니면 쉬이 경험할 수 없는 맛입니다. 하지만 저 서차장, 집에서 도전해봤습니다!

재료 (2-3인분)

○ 양념 순살게장 300g
○ 손질 콩나물 300g
○ 조미김 3봉

조미료

○ 만능멸치육수
○ 소금
○ 고춧가루
○ 참기름
○ 참깨

서차장 레시피

1

인터넷 서핑 중 '양념 순살게장' 광고가 눈에 띄어 바로 구매한 300g짜리 양념 순살게장과 동네 마트에서 산 콩나물입니다.

와~ 양념게장을 살만 발라서도 파는군요.

2

조미김을 식가위를 이용하여 잘게 잘라둡니다.

3

냄비에 물을 1.5L 정도 받아 소금 반 큰술을 넣고 끓인 뒤, 찬물에 잘 씻은 콩나물을 넣고 1분 정도 데칩니다.

서차장 레시피

4
데친 콩나물은 1/5 정도만 남기고 재빨리 건져냅니다. 찬물에 헹구고 꽉 짜 물기를 빼서 스테인리스 볼에 담아줍니다.

5
냄비에 남은 콩나물은 그대로 계속 끓입니다.

6
거기에 만능멸치육수 두 큰술과 고춧가루 한 큰술만 넣으면

7

멋진 콩나물국 완성입니다.

8

물기를 짜 스테인리스 볼에 담아둔 데친 콩나물 위로 참기름 두 큰술과 참깨 반 큰술을 넣고 조물조물 무쳐 줍니다.

9

그리고 시판 양념 순살게장을 개봉해 적당한 크기의 접시에 다 부어줍니다. 순살이 제대로였습니다.

서차장 레시피

10

반찬 두어 가지 추가해서 순살게장과 함께 차린 밥상입니다.

엥? 이것은 통에서 접시로 옷만 갈아입은 양념 순살게장이로군요!

11

밥을 담은 그릇에 적당하게 콩나물무침도 담고 김가루도 담습니다. 처음엔 조금씩만 담고 먹으면서 양을 더해줘도 좋습니다.

12

그리고 양념 순살게장을 덜어 담습니다. 300g의 1/3 정도만 담으니 아주 적당한 1인분 완성입니다.

목포식 양념게살 비빔밥

맛있게 먹기

시판 양념 순살게장을 접시에 옮겨 담기만 한 양념게살 비빔밥입니다. 조미료 맛이 진하게 느껴지는 적당히 맛있는 맛입니다. 시판 양념의 살짝 물릴 수도 있는 맛을 콩나물과 김가루가 잡아줍니다. 양념 순살게살과 콩나물 무침의 조화가 정말 끝내줍니다. 다진 청양고추와 으깬 마늘을 살짝 올려줘도 좋을 것 같습니다. 중간에 추가한 것까지 밥 한 공기 반이 진짜 게눈 감추듯 사라졌습니다. 제대로 만난 밥도둑이었습니다.

> 슥슥삭삭 비벼서 듬뿍 한 입…
> 으으음… 식감 좋고, 간 좋고, 맛 좋고.

> 콩나물국으로 잠시 진정을 하고…

> 다시 극락으로 가봤습니다.
> 어우… 이 양념 순살게살 진짜 물건입니다.

> 콩나물과 김가루는 많을수록 맛있습니다.

이상 시판 양념 순살게장을 활용한 목포식 양념게살 비빔밥이었습니다.

 집밥갈망러1 양념 순살게장을 파는군요. 이거 너무 간단하고 먹기 좋네요 👍

 집밥갈망러2 암만 봐도 야맨데 결과물은 그럴듯하단 말이죠 ㅋㅋㅋㅋ

필리 치즈스테이크 같은 오지치즈불고기 핫도그

필리 치즈스테이크Philly cheesesteak는 미국 펜실베이니아주 필라델피아에서 유래한 음식으로 빵 사이에 얇게 썬 스테이크와 치즈를 첨가하여 만든 샌드위치입니다. 양념 소불고기와 체다치즈 그리고 오지치즈 소스를 이용하여 필리 치즈스테이크를 흉내내 오지치즈불고기 핫도그를 만들어봤습니다.

재료 (2인분)

○ 치아바타 3개
○ 마늘 6쪽
○ 양파 1+1/2개
○ 양념 소불고기 300g
○ 체다치즈 6장
○ 오지치즈 소스

조미료

○ 스테이크 소스

서차장 레시피

1

치아바타 세 개와 마늘 여섯 쪽, 양파 한 개 반, 양념 소불고기 300g을 준비합니다. 양념 소불고기는 시판용을 써도 괜찮습니다.

tip 냉동으로 판매하는 빵을 냉동실에서 보관하면 필요할 때 편하게 쓸 수 있습니다.

2

거기에 체다치즈 여섯 장만 있어도 되지만, 치즈의 풍미를 더하기 위해 액상 오지치즈 소스를 추가로 준비합니다.

끊임없는 요리 개발! 백종원님과 친구하셔야 할 거 같아요~

3

양파는 채 썰고 마늘은 칼 옆면으로 으깨, 에어프라이어에서 180도로 15분 중간중간 뒤섞어가며 굽습니다. 수분기를 날리기 위해서입니다.

tip 에어프라이어가 없다면 마른 팬에서 살살 구워도 괜찮습니다.

서차장 레시피

4

양파와 마늘이 에어 프라이어에서 구워지는 동안 중불로 달군 팬에 양념 소불고기를 넓게 펴서 굽습니다.

5

최대한 수분기 없게 바삭하게 굽다가 불고기 양념이 어느 정도 졸아들어 보이면 가스불을 끕니다.

6

치아바타를 끝부분은 붙어 있도록 반을 가른 뒤, 토스터기에서 굽습니다.

tip 토스터기가 없다면 에어프라이어나 프라이팬에 구워도 됩니다. 조리 시간은 도구나 제품따라 다르니 확인해 잘 구워주세요.

서차장 레시피

7

빵이 구워지는 동안 불고기가 있는 팬에 구운 양파와 마늘을 넣고 강불로 불고기와 함께 섞어가며 볶습니다.

tip 물기가 최대한 없어지게 볶는 것이 중요합니다. 주걱으로 꾹꾹 눌러가며 바닥을 살짝 태우는 것도 맛을 더하는 포인트입니다.

8

팬에 스테이크 소스 여섯 큰술을 추가해서 불향과 맛을 더합니다.

9

이 정도 모양이 나오면 불을 끕니다.

서차장 레시피

10

치아바타가 다 구워지면 이렇게 체다 치즈 두 장을 깔고

11

체다치즈 위로 팬에 볶아낸 핫도그 속재료를 듬뿍 올려주고

12

그 위로 오지치즈 소스를 듬뿍 뿌리면 완성입니다.

와~ 파셔도 되겠는데요?

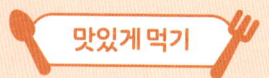
맛있게 먹기

햄버거 중에서 치즈버거를 참 좋아하는데 이건 어지간한 국내 프랜차이즈 버거 전문점의 치즈버거보다 훨씬 맛있습니다. 집에 양념 소불고기 있을 때 해드시길 강추합니다!

핫도그를 통째 들고 먹어도 좋고

빵 칼을 이용해 먹기 좋은 크기로 잘라 집어먹어도 좋습니다.

큰 조각 집어들고 한 입 두 입 세 입…

이상 필리 치즈스테이크 흉내내 만들어본 오지치즈불고기 핫도그였습니다.

🙂 **집밥갈망러1** 서차장님 요리가 다 맛있어 보이지만, 이건 정말 최고 같아요! 👍

🙂 **집밥갈망러2** 이건 필리 치즈스테이크라 하기에는 좀 부족합니다.ㅎㅎ '서삭토스트' 새 제품 같습니다만!

🙂 **집밥갈망러3** 크…!! K-필리 치즈스테이크네요.

뚝배기 계란찜·방울토마토 달걀 볶음·냉면육수 참외 냉국·12분 떡국·라면스프 순두부찌개·초간단 된장라면밥·5분컷 안주 명란오이·들기름 메밀국수·짜장 스파게티

간편 집밥 이야기

4

훌륭한 밥반찬 & 술안주, 초간단 뚝배기 계란찜

마땅한 국물음식이 없을 때 가장 먼저 생각나고 자주 해먹게 되는 뚝배기 계란찜입니다. 고깃집이나 술집에 가면 나오는 폭탄 계란찜은 밥반찬보다 술안주에 가까운데, 밥반찬으로도 잘 어울리고 술안주로도 좋은 집밥용 뚝배기 계란찜을 만들어보았습니다. 된장찌개 끓일 때 사용하는 뚝배기만 있으면 다른 음식을 준비하면서 쉽게 준비해 뚝딱 만들 수 있는 계란찜입니다.

재료 (2인분)

○ 계란 4알

조미료

○ 가쓰오부시장국 또는 참치액
○ 맛소금
○ 참기름

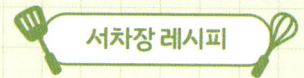

서차장 레시피

1

계란 네 알과 뚝배기가 가장 중요한 준비물입니다.

> 간단한 재료와 조리 도구! 집에서 해먹기 딱이네요. ㅎㅎㅎㅎ

2

뚝배기에 계란 네 알을 깨 넣고 참기름 한 큰술을 넣습니다.

3

가쓰오부시장국 세 큰술을 넣은 뒤 물 300ml를 부어줍니다.

tip 가쓰오부시장국이나 참치액 같은 조미료는 국물용으로 많이 사용하는데, 계란찜 맛 내기에도 딱 적당합니다.

서차장 레시피

4

수저나 거품기로 계란과 물과 양념을 마구 섞습니다. 계란물을 체로 한 번 내리면 더 부드러운 계란찜이 됩니다.

tip 잘 섞어주는 것이 정말 중요합니다.

5

뚜껑을 닫고 제일 약불로 15분 정도 조리했을 때의 모습입니다. 아직 위쪽이 다 안 익었습니다.

tip 가장 약한 불로 천천히 조리해야 바닥이 타지 않습니다.

6

20분간 약불로 조리하고 완성된 뚝배기 계란찜입니다.

tip 위쪽의 갈색 부분은 탄 것이 아니라 참기름이 위로 올라와서 나는 색입니다.

·뚝배기 계란찜·

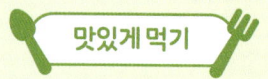
맛있게 먹기

계란과 참기름 궁합이 참 좋아서 맛있는 향이 계속 올라옵니다.

> 숟가락으로 살짝 뒤집어주니 안쪽은 포근하게 익은 모습입니다.

> 계란찜을 듬뿍 퍼서 먹어도 좋고

> 밥이나 볶음밥이랑 함께 먹어도 좋습니다.

이상 초간단 뚝배기 계란찜이었습니다.

🧑 **집밥갈망러1** 와~ 뚝배기 계란찜 너무 부들부들하고 맛있겠어요!

🧑 **집밥갈망러2** 이건 못참겠네요. 😋😋😋

휘리릭 15분 방울토마토 달걀 볶음

토마토 달걀 볶음, 줄여서 '토달볶'은 중국에서 흔하게 접할 수 있는 가정식 요리 시홍 스차오지단입니다. 재료도 간단하고 만드는 방식도 간편하며 맛 또한 우리네 입맛에 참 잘 맞습니다. 다이어트 한다고 방울토마토를 집에 사두곤 하는데요. 식단관리를 못 해 방울토마토가 시들어가고 있을 때 보통 쓰는 완숙토마토 대신 방울토마토로 토달볶 을 만들어봤습니다.

재료(2인분)

○ 방울토마토 500g
○ 계란 5알

조미료

○ 굴소스
○ 해선장(없으면 간장과 다시다)

서차장 레시피

1

토달볶은 간단한 재료와 원 팬으로, 15분 안에 휘리릭 만들 수 있지만 맛은 비범한 멋진 음식입니다.

정말 이걸로 앞에서 본 저 요리가 된다고요?

2

계란 다섯 알을 스테인리스 볼에 깨 넣어 잘 휘저어 섞어 계란물을 만듭니다. 계란을 많이 넣어야 토달볶의 제맛이 납니다.

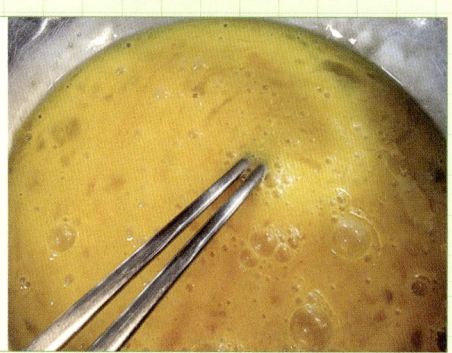

3

프라이팬을 중불로 달군 뒤 식용유를 두르고 계란물을 붓습니다.

tip 이 요리 중에는 가스불을 계속 중불로 유지합니다.

서차장 레시피

4

익어가는 계란물을 주걱으로 밀어가며 큰 덩어리로 뭉쳐서 스크램블 에그처럼 만들어줍니다.

5

계란이 80% 이상 익었을 때 팬에서 스테인리스 볼로 옮겨 담습니다.

6

계란을 익힌 팬에 잘 씻어 꼭지를 딴 방울토마토를 넣고 굽습니다.

tip 큰토마토로 만들면 토마토를 잘라주는데 그래서 국물이 많이 생깁니다. 국물 많은 걸 좋아하시면 큰토마토를 쓰세요.

서차장 레시피

7

주걱으로 토마토를 굴려가며 골고루 익혀줍니다.

8

방울토마토가 어느 정도 익었다고 생각될 때 굴소스를 한 큰술에서 한 큰술 반 넣습니다.

9

그리고 해선장 세 큰술을 넣습니다. 팬 바닥에 해선장을 살짝 태워준 후 방울토마토와 섞으면 됩니다.

tip 해선장이 없다면 간장 세 큰술과 소고기 다시다 반 큰술 정도를 넣으면 비슷한 맛을 낼 수 있습니다.

서차장 레시피

10
살짝 스크램블 에그 느낌으로 익힌 계란을 팬에 넣고 방울토마토와 잘 섞어가며 볶습니다.

11
다 볶아진 것 같다면 그릇에 옮겨 담습니다.

> 계란을 넉넉히 넣으니 비주얼이 더 좋습니다.

12
중화식 토달볶이지만 파스타와 함께 먹는 것도 별미! 청경채 파스타와 같이 준비한 한상입니다.

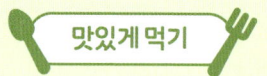

껍질째 잘 구워진 방울토마토가 채즙을 그대로 품고 있어서 맛이 더 풍부합니다. 먹을 때 방울토마토 육즙이 빵 터져 나와 너무 맛있습니다. 토달볶은 메인 음식이라기보다는 다른 요리에 곁들이는 음식입니다. 토마토에서 나온 채즙과 양념들이 파스타와도 정말 잘 어울립니다.

> 방울토마토와 굴소스&해선장의 만남이 매우 맛남!

> 토마토에서 나온 채즙과 양념들이 조화를 이룬 국물도! 캬~

> 파스타 위에 토달볶 살짝 올려 먹어보니

> 또 이 조화가 기가 막힙니다.

이상 초간단 15분 완성 토마토 달걀볶음이었습니다.

- **집밥갈망러1** 아, 저 소스를 넣어야 더 맛나군요ㅋㅋㅋㅋ 한창 살 뺄 때 걍 토달볶만 먹으니 좀 심심했는데!

- **집밥갈망러2** 간단한 원 팬 요리! 해선장이 없어서 바로 사러 갑니다.

냉면육수만 있다면 정말 쉬운 참외 냉국

여름철 시원한 음식! 하면 냉면과 냉국을 떠올립니다. '냉국을 어떻게 쉽고 맛있게 만들까?' '흔히 쓰는 생오이 말고 다른 재료가 들어가면 어떨까?' 고민하다 만들게 된 냉면육수를 이용한 참외 냉국입니다. 참외는 과일 그 자체로도 맛있지만 다양한 요리에도 쓸 수 있는 맛있는 식재료입니다. 특히 오이 대용으로 사용하기 좋아 오이의 향을 안 좋아하는 분들은 재료 중 오이를 참외로 대신해 조리해도 좋습니다.

재료 (2인분)

○ 참외 1개
○ 청양고추 1개
○ 냉면육수 1팩 330ml

조미료

○ 식초
○ 알룰로스
○ 고춧가루

서차장 레시피

1

동네 마트에서 쉽게 구할 수 있는 냉면육수만 있다면 정말 쉬운 요리가 냉국입니다.

tip 냉국에 들어가는 냉면육수는 고기 육수도 좋지만 동치미 육수가 더 잘 어울립니다.

2

참외는 껍질을 깎고 씨를 발라냅니다. 발라낸 참외씨를 버리는 분도 있는데, 저는 요리하면서 먹습니다.

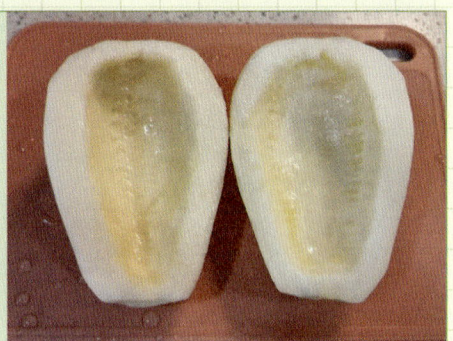

3

채칼로 참외를 편 썰고, 청양고추는 잘 씻고 꼭지를 따서 씨를 빼고 가늘게 썰어줍니다.

tip 매운맛으로 포인트를 주려고 청양고추를 넣었는데, 생략해도 됩니다.

서차장 레시피

4

손질한 참외와 청양고추를 냉면그릇 같이 큼직한 그릇에 담고 얼음도 몇 개 넣고, 냉면육수를 그대로 부어줍니다.

5

냉면육수마다 맛이 달라 기준을 잡기는 어렵지만, 신맛이 더 필요하다면 식초를, 단맛이 더 필요하다면 알룰로스를 넣습니다. 저는 식초 두 큰술, 알룰로스 한 큰술을 넣었습니다.

6

고춧가루를 넣었나 안 넣었나 싶게 한 꼬집 뿌리고 수저로 휘휘 저어주면 완성입니다.

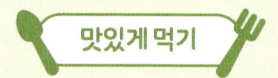

대충 만든 냉면육수 참외 냉국이 이렇게 맛있어도 되나요? 살짝 부드럽고 단맛이 강한 참외를 입에 넣고 씹으면 참외의 단맛이 배어나옵니다. 밥반찬으로도 다이어트 음식으로도 좋습니다. 오이를 잘 못 드시는 분에게도, 오이를 잘 드시는 분에게도 추천하는 참외 냉국입니다. 우뭇가사리나 도토리묵을 넣어 먹어도 맛이 좋습니다.

국물부터 한술…
상큼하고 짜릿한 이 맛!!

참외와 청양고추가 다인 건더기 한술!

역시 청양고추가 큰 포인트가 되어줍니다!!

이상 초간단 냉면육수 참외 냉국이었습니다.

- 집밥갈망러1 신박해요.^^ 소면 넣어서 먹어도 맛있을 듯요.

- 집밥갈망러2 국 끓이기 귀찮을 때, 더워서 냉국 먹고플 때 딱이네요~

금방 뚝딱 12분 떡국

떡국 싫어하는 사람은 보지 못했는데 의외로 집에서 끓여먹는 것을 어려워하는 분들은 꽤 본 것 같습니다. 떡국용 떡만 있다면 집에 있는 재료들로 정말 간단하게 만들 수 있는 것이 떡국입니다. 시판 멸치육수로 맛을 내고 애호박을 듬뿍 넣은, 살짝 특별하지만 만드는 시간은 12분도 안 걸리는 금방 뚝딱 12분 자취생 떡국입니다. 애호박 말고도 집에 있는 야채들을 활용하면 간단하지만 풍성한 떡국이 됩니다.

재료 (2인분)

○ 떡국떡 400g
○ 애호박 1개
○ 표고버섯 1개

조미료

○ 만능멸치육수
○ 참치액
○ 참기름
○ 후춧가루

서차장 레시피

1

우선 재료를 꺼내놓습니다. 사골곰탕 팩이 있다면 곰탕 육수로 끓여도 되고, 애호박이 없다면 대파만 넣어도 좋습니다.

2

냄비에 떡국떡과 물 1L를 넣고 끓입니다. 초간단 떡국인 만큼, 물을 먼저 끓이지 않고 찬물에 떡국떡을 바로 넣어 끓입니다.

아아… 찬물에 떡국떡을 바로 넣고 끓인다! 그 간단한 생각을 나는 왜 못했던 것일까요.

3

표고버섯은 편 썰고 애호박은 1cm 두께로 길게 잘라둡니다.

서차장 레시피

4 냄비에서 떡국떡과 물이 끓어오르기 시작하면 만능멸치육수 네 큰술을 넣어 밑간을 한 뒤

5 썰어둔 애호박과 표고버섯을 넣고, 참치액 한 큰술을 넣어 간을 맞춥니다.

tip 멸치육수에는 간장보다 참치액으로 마지막 간을 해주는 것이 더 잘 어울립니다.

6 애호박이 익을 때까지 끓인 떡국을 그릇에 담고 참기름 한 큰술, 소금과 후춧가루를 살짝 뿌려주면 완성입니다.

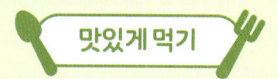

떡국떡을 웍에 담는 것부터 그릇에 옮겨 담는 과정까지 빠르면 10분 늦어도 12분이면 끝나는 간단한 메뉴입니다. 멸치육수와 애호박이 만나면서 아주 개운하고 구수한 국물이 되었습니다. 솔솔 올라오는 참기름향과 굵직하게 썰어 넣은 애호박이 포인트! 애호박이 칼국수뿐 아니라 떡국이랑도 참 잘 어울립니다. 집에 밥반찬용 김자반 볶음이 있다면 금상첨화!

참기름 동동 국물부터 한술

애호박과 떡을 크게 떠서 한 입

김치 한 점 떡 위에 올리고 한 입

밥반찬용 김자반 볶음을 고명으로 넣고 또 한 대접…

이상 12분 만에 조리 가능한 간편 요리 자취생 떡국이었습니다.

- 집밥갈망러1 애호박을 찌개에 넣을 생각만 했지 떡국은 생각 못 했는데… 요리천재!
- 집밥갈망러2 늘 사골육수만 쓰는 떡국러버에게 또 배움을 주시는 서차장님!! 멸치육수에 애호박 듬뿍 떡국 도전해보겠습니다.

국물요리가 필요할 때, 라면스프 순두부찌개

순두부찌개를 참 좋아하는데 집에서 만들어 먹은 기억이 별로 없습니다. 이상하게 순두부찌개는 만들기 어렵다는 편견이 조금 있는 것 같습니다. 순두부는 다이어트 용으로 종종 사두는데 늘 유통기한이 지나 다른 요리로 해먹곤 합니다. 이번에도 유통기한이 지난 순두부가 있어 라면스프를 이용해 간단하게 순두부찌개를 만들어봤습니다.

재료 (2인분)

○ 라면 분말스프 1개
○ 순두부 1봉지
○ 대파 1/2줄기
○ 계란 2알

조미료

○ 고춧가루
○ 후춧가루

서차장 레시피

1

붕어빵에는 붕어가 없지만 라면스프 순두부찌개에는 라면 분말스프가 필수입니다.

tip 저는 라면을 세 개 끓이면서 스프는 두 개만 사용할 때 스프를 버리지 않고 보관해 둡니다.

2

물 400ml를 냄비에서 팔팔 끓이고, 순두부는 큼직하게 잘라둡니다.

tip 순두부에서 물이 많이 나오기 때문에 물은 라면 한 개 분량보다 조금 적게 넣습니다.

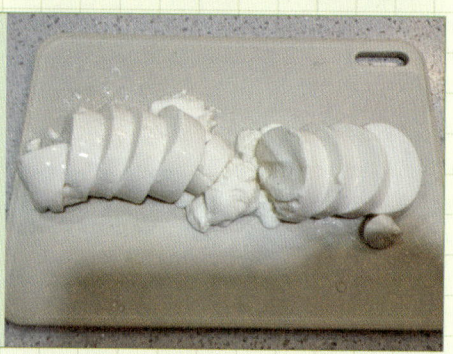

3

물이 끓으면 냄비에 스프부터 풀어준 뒤에 순두부를 넣고 끓입니다.

서차장 레시피

4

냄비의 내용물이 다시 끓어오르는 사이 대파를 잘게 잘라줍니다.

5

냄비에 계란 두 알을 깨 넣고 이어서 대파를 넣습니다.

tip 계란은 휘젓지 말고 통으로 그대로 익혀줍니다. 수란 형태로 반숙으로 익어야 가장 알맞습니다.

6

고춧가루 한 큰술을 넣어 색과 맛을 확인하고, 마지막으로 후춧가루를 솔솔 갈아서 뿌려주면 완성입니다.

맛있게 먹기

진짜 라면 끓일 시간 정도면 충분히 조리할 수 있는, 라면스프가 들어가지만 생각보다 스프 맛이 안 나는 라면스프 순두부찌개입니다.

이상 초간단 라면스프 순두부 찌개였습니다.

- **집밥갈망러1** 순두부찌개는 다담소스에 의존하는 1인인데, 라면스프로도 되는군요.
- **집밥갈망러2** 이 레시피로 진짜 맛이 날까? 반신반의하며 따라서 해봤는데… 정말로 맛이 나네요. 이렇게 간단한 순두부찌개라니!

야식과 안주가 필요할 때, 초간단 된장라면밥

고깃집에서 회식할 때 마무리로 처음 먹어본 된장라면밥. 일본식 된장라멘도 아닌, 라면과 밥이 함께 들어간 된장라면밥과의 첫 만남은 한 마디로 쇼킹 그 자체였습니다. 고깃집에서 부족한 탄수화물에 대한 식탐을 해결할 수 있고, 술을 부르는 메뉴이기도 해서 회식이 더 오래 가게 해주었습니다. 회식 때 먹어본 기억을 살려 된장라면밥을 만들어보니 집에서 요리해도 충분히 매력적인 메뉴였습니다.

재료 (2인분)

○ 라면 1개
○ 햇반 1개
○ 애호박 1/2개
○ 대파 1/2줄
○ 청양고추 4개
○ 마늘 5쪽

조미료

○ 만능멸치육수
○ 찌개용 된장

서차장 레시피

1

밖에서 안주 없이 맥주 조금 마시고 집에 왔는데 속이 허해 든든하면서 술도 깨게 해줄 뭔가를 먹고 싶을 때는, 바로 된장라면밥입니다.

2

라면냄비에 물 800ml를 끓입니다. 물이 끓는 동안 애호박과 대파, 청양고추와 마늘을 된장찌개에 넣듯이 손질해둡니다.

3

물이 끓으면 만능멸치육수 두 큰술과 찌개용 된장을 두 큰술 넣습니다.

tip 된장은 푹 퍼 넣는 게 아니라 딱 이 정도 양으로 두 큰술입니다.

서차장 레시피

4

밥에 국물이 배어들도록 햇반을 냄비 한쪽에 먼저 넣고 1~2분 끓입니다.

라밥이 국룰인 건 익히 알지만 이런 레시피라니!

5

면과 스프, 채소를 넣고 국물과 라면과 밥을 골고루 섞어가며 끓입니다.

tip 건더기 스프는 하나를 통째로, 분말스프는 반만 넣어줍니다.

6

애호박이 샛노래질 때까지 끓여 완성된, 초간단 해장용 된장라면밥 한상입니다.

맛있게 먹기

된장과 라면스프로 맛을 낸 국물을 햇반이 듬뿍 머금고 있고, 단순했을지도 모를 맛에 채소들이 풍미를 더해줍니다. 청양고추의 매운맛이 된장라면밥에 없어서는 안 될 포인트가 됩니다. 거기에 꼬들꼬들하게 익은 라면까지… 야식으로도 안주로도 해장으로도 훌륭한 만능 된장라면밥입니다.

된장밥과 라면을 앞접시에 덜어 담고 즐깁니다.

국물을 듬뿍 머금은 밥부터 한 입… 청양고추를 듬뿍 넣길 잘했습니다.

김치 한 점 올려 먹으면 정말 맛있습니다.

이상 초간단 고깃집 스타일 된장라면밥이었습니다.

- **집밥갈망러1** 이런 게 있다구요? 뒤적뒤적 라면을 꺼내봅니다.
- **집밥갈망러2** 이쯤 되면 라면 제조사에서 서차장님 섭외해서 로열티내고 신제품 제작 착수해야… ㅋㅋ
- **집밥갈망러3** 된장밥만 알던 제게 된장라면밥을 알게 하시다니~ 역시 앞서가십니다~

명란젓과 오이로 만드는 5분컷 안주, 명란오이

양념 명란젓을 처리해야 하는데 마침 집에 오이가 있어 명란오이를 만들었습니다. 오이는 그냥 먹기도 하고, 오이냉국이나 오이무침으로 많이 사용하는 것 같습니다. 그런데 의외로 여러 요리에 다양하게 사용되는 식재료가 오이입니다. 수분기가 많고 특유의 향이 있어 개성 있으면서도 다른 식재료나 음식 들과의 조화를 크게 해치지 않지요. 뚝딱 야식 술안주로 만든 명란오이입니다.

재료

○ 오이 2개
○ 명란젓 100g(크게 두 숟가락)

조미료

○ 참기름
○ 참깨
○ 해선장

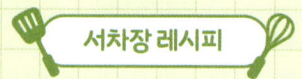

서차장 레시피

1

오이 두 개와 양념 명란젓 두 큰술을 준비합니다.

재료가 정말 간단한데요! ㅎㅎ 도전!

2

오이 두 개를 잘 씻고 꼭지를 잘라낸 뒤 으깨줍니다. 빈 병 같은 걸로 해도 됩니다.

3

식가위로 명란젓을 잘게 잘라주고

서차장 레시피

4

으깬 오이를 먹기 좋은 크기로 잘라 스테인리스 볼에 담고, 해선장 한 큰 술, 참기름 두 큰술을 넣어줍니다.

tip 해선장은 없으면 생략해도 됩니다.

5

잘게 다져둔 명란젓도 넣어줍니다.

6

마지막으로 참깨 한 큰술 넣고 잘 섞은 뒤 접시에 담으면 완성입니다.

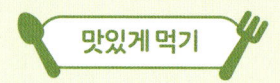
맛있게 먹기

저녁 대신 맥주 한잔과 차려낸 한상이었습니다. 명란오이 만드는 데 5분도 안 걸립니다. 명란젓과 오이만 있으면 진짜 쉽게 만들 수 있는 5분컷 술안주용 명란오이입니다.

맥주와도 잘 어울리고 소주와도 잘 어울리는 명란오이입니다.

물론 밥이랑도 잘 어울리고 그냥 먹어도 맛있습니다.

이상 초간단 술안주 명란오이였습니다.

- **집밥갈망러1** 밥반찬으로도 맛있을 것 같아요.ㅎㅎ 늘 창의적인 레시피 엄지척입니다!

- **집밥갈망러2** 와와~ 별미겠어요.

사먹기엔 너무 쉬운 들기름 메밀국수

집에 혼자 있을 때 간단하게 국수 요리를 자주 해먹는데 들기름 메밀국수도 그중 하나입니다. '이걸 집에서 할 수 있어?' 생각하는 분들도 많겠지만 생각보다 너무 쉬워서 이제 밖에서는 잘 안 사먹게 되는 음식입니다. 메밀국수 전문점에 가면 꼭 있는 들기름 메밀국수, 막국수의 유명세를 타고 시판 제품도 나오는데, 메밀면만 있다면 집에서 쉽게 만들 수 있습니다. 들기름 막국수이지만 들기름만 넣자니 좀 심심할 것 같아 기본 양념을 만들어보았습니다.

재료 (2인분)

- 냉동 메밀국수면
- 참깨
- 오이 1/4개
- 실파 2~3줄

조미료

- 들기름
- 쯔유 또는 맛간장(없으면 간장과 설탕, 다시다)

서차장 레시피

1

메밀국수면과 채소 조금과 참깨를 꺼내니 조리의 반은 되었습니다.

2

우선 메밀국수면 삶을 물 500ml를 냄비에 끓입니다.

3

물이 끓는 동안 참깨 두 큰술을 절구에 넣고 갈아둡니다. 너무 곱게 갈 필요 없이 거칠게 대충 갈아도 됩니다.

tip 절구가 없다면 참깨를 손바닥 사이에 두고 두 손으로 문지르면 갈아집니다.

서차장 레시피

4

양념 그릇에 쯔유 세 큰술과 물 세 큰술을 넣고 잘 섞어줍니다.

tip 쯔유 대신 간장 세 큰술에 설탕 반 큰술, 다시다 반 큰술로 해도 비슷한 맛이 납니다.

5

냄비에서 물이 끓으면 메밀국수면을 삶고

6

면이 삶아지는 동안 오이는 채 썰고, 실파는 잘게 썰어둡니다.

서차장 레시피

7

삶은 면은 찬물에 헹군 뒤 물기를 털어내 그릇에 예쁘게 모아 담은 뒤, 미리 만들어둔 쯔유 양념장을 붓고

8

갈아둔 참깨를 뿌리고 그 위로 들기름을 세 큰술 정도 뿌린 다음

tip 좋은 들기름을 쓰면 맛이 더욱 좋아지는 들기름 메밀국수입니다.

9

오이채를 메밀면 위로 올려주고 실파는 주변으로 흩뿌려주면 완성입니다.

맛있게 먹기

만드는 데 10여 분밖에 안 걸리는 초간단 들기름 메밀국수입니다. 들기름 막국수에는 김가루를 넣어 먹는 분들이 많은데요. 김가루를 뿌리면 뿌린 대로, 없으면 또 색다르게 맛있습니다. 때론 김향이 국수를 지배(!)하는 것처럼 느껴질 때도 있더라고요.

고명으로 곱게 올린 오이채가 있어 더욱 맛있어 보입니다!!

흩뿌려진 간 참깨와 실파…

먹기 전에 메밀국수를 잘 섞어 주고…

후루룩 후룩후룩 먹는 데는 5분이면 충분합니다.

이상 초간단 들기름 메밀국수였습니다.

집밥갈망러1 우와~ 이게 집에서 되는군요!

집밥갈망러2 무더운 날 간단하게 뚝딱이죠!

팬 하나로 만드는 짜장 스파게티, 진짜 짜파게티

스파게티면으로 짜장면을 만든다면? 짜장 파스타이기도 하지만 진짜 짜파게티이기도 합니다. 재료 손질만 하면 팬 하나로 조리가 끝나는 원 팬 파스타 요리입니다. 저는 짜장가루를 사서 냉동실에서 보관해두고 먹는데요. 춘장처럼 볶지 않아도 되어 간편하게 짜장 양념의 요리를 만들 수 있습니다. 꼭 짜장 요리가 아니어도 각종 요리에 조미료처럼 쓸 수 있어 여러모로 편리하답니다.

재료 (1-2인분)

- 애호박 1개
- 표고버섯 1개
- 청양고추 2개
- 스파게티면 1.5인분
- 냉동 혼합 야채

조미료

- 짜장가루
- 올리브유
- 쯔유 또는 맛간장

서차장 레시피

1

먼저 팬에 찬물 750ml를 붓고 스파게티 면과 올리브유를 두 큰술 넣어 제일 센불로 11분 정도 끓입니다.

tip 팬을 가스불의 중심부에서 살짝 비켜나도록 두고 삶으면 면의 끝부분이 타지 않고 물에 잠기게 됩니다.

2

물이 끓는 동안 애호박과 표고버섯은 엄지손톱보다 조금 크게, 냉동 혼합 야채의 두 배 정도로 썰어둡니다. 청양고추는 토핑용으로 사용할 거라 나중에 손질하면 됩니다.

3

5분 정도 후 면이 삶아져 물에 잠기면 미리 썰어둔 표고버섯과 애호박, 그리고 냉동 혼합 야채를 냄비에 넣습니다.

짜장 스파게티

서차장 레시피

4

스파게티면과 채소들을 잘 섞어주고 계속 센불로 끓여줍니다.

> 스파게티면으로 짜장이라니 색다릅니다. 확실히 면은 덜 불 것 같아요.

5

냄비에서 재료들이 익는 동안 청양고추는 꼭지를 따고 씨를 빼서 얇게 채 썰어둡니다.

6

냄비에서 재료들이 삶아지는 동안 조금 자박할 정도까지 물을 보충하며 계속 끓여줍니다.

tip 물이 적으면 안 됩니다!

서차장 레시피

7

총 11분을 끓여준 스파게티면에 짜장 가루를 넣습니다. 저는 일단 네 큰술 정도 넣어 간을 보고 두 큰술을 더 넣어줬습니다.

tip 짜장 파우더의 양은 재료의 양에 맞게, 본인 입맛에 맞게 간을 보며 조절하면 됩니다.

8

집에 쯔유나 맛간장이 있으면 서너 큰술 더해 간을 맞추고 가스불을 끕니다. 그리고 올리브유 두 큰술을 넣어 잘 섞습니다.

9

이렇게 조리가 완성된 원 팬 파스타, 진짜 레알 짜장 스파게티, 짜파게티입니다.

.짜장 스파게티.

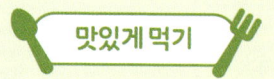
맛있게 먹기

파스타 그릇에 담은 짜파게티 위로 씨를 빼고 썰어둔 청양고추를 흩뿌려 먹습니다. 채소만 들어갔는데 맛과 향 모두 풍성했습니다. 애호박과 표고버섯을 냉동 혼합 야채보다 큼직하게 썰어 식감까지 훌륭했습니다. 스파게티면은 중화면이나 밀가루면보다 늦게 불고 짜장 양념이 면에 착! 붙어 더 맛이 좋았습니다.

> 청양고추가 없다면 페페로치노 가루를 뿌려줘도 좋을 것 같습니다.

> 이런 파스타엔 역시 김치가 제격이죠! 김치 한 점 올려 후루루룩~

> 고기 없이 지금 그대로가 딱 균형 맞는 그런 느낌

이상 원 팬으로 만드는 짜장 스파게티, 짜파게티였습니다.

집밥갈망러1 요린이는 이런 간단한 요리를 보며 마음의 평안을 얻습니다. ㅋ 아주 맛있어 보여요~ 👍

집밥갈망러2 스파게티면과 시판 짜장소스와 야채라… 따라해볼 만한데요. ^^

요리는 이어진다

처음 요리책 출간을 제안 받았을 때 든 생각은 '이게 뭐지? 사기인가?', '나 같은 사람도 책을 낼 수 있나?'였습니다. 20년 이상 취미로 요리를 하고 있다 해도 직업은 소프트웨어 엔지니어였고, 유명 유튜브를 운영하거나 SNS에 숏폼 영상을 올리고 있지도 않았습니다. 네이버 여행 카페와 개인 블로그에 집밥 레시피를 올리는 것이 다였던 저로서는 그런 제안이 사기이거나 광고라고 생각할 수밖에 없었습니다. 아내, 그러니까 김사장님에게까지 이 소식을 숨기고 있다가 출판사와 첫 미팅을 한 뒤에야 이야기를 했습니다. 제 말을 들은 아내의 첫마디가 기억납니다. "책 내려면 얼마가 필요한 거야?" 저처럼 김사장님도 이 출판 제의가 현실적이지 않았던 것입니다.

지난 가을부터 본격적으로 출간을 위한 작업을 시작했습니다. 모든 것이 처음이었던 저에게 구윤희 편집자님은 언제나 모든 것을 친절하게 알려주고 기다려주었습니다. 38개의 요리 레시피를 담은 초고를 출판사에 보내고도 '과연 내 책이 나올 수 있을까?'라는 생각을 가졌던 것이 사실입니다. 원고 인도 후에 출판사와의 리뷰가 진행되었고, 본문 디자인이 나왔을 때의 떨림은 제가 살면서 경험해

본 행복과는 또 다른 기쁨이었습니다. 그 사이에 현실 삶에서는 퇴직도 하고 이직도 했습니다. 직장생활 22년 만에 처음으로 방학과 같은 한 달 휴가도 가지면서 재충전을 할 수 있었습니다.

　여러분에게 이 책이 주방에서 요리하는 즐거움을 새롭게 발견하는 계기가 되기를 바라며, 요리에 어려움을 느끼는 초보분들께 딱 세 가지만 기억하라고 말하고 싶습니다. 첫째 불 조절. 둘째 간 보기. 셋째 조미료 미워하지 않기. 아마 이 책을 읽으시는 내내 이 세 가지를 보셨을 테니, 지금쯤 익숙해지셨을 것 같습니다. 이 세 가지를 통해 요리와 친해지면, 이제 본인만의 방법으로 맛을 낼 수 있는 수준으로 충분히 레벨 업 하실 수 있습니다. 언제나 신혼처럼 설레는 마음으로 요리를 즐기고, 그 과정에서 행복을 찾는 여러분이 되기를 진심으로 바랍니다. 🍴